René Jorde

Recht für Selbstverleger und Autoren

René Jorde

Recht für Selbstverleger und Autoren

Materialien zum Buch unter: www.Recht-für-Autoren.de

Bibliografische Informationen der Deutschen Bibliothek
Die Deutsche Bibliothek verzeichnet diese Publikation in der Deutschen Nationalbibliografie; detaillierte bibliografische Daten sind im Internet unter www.dnb.ddb.de abrufbar.

Die Inhalte dieses Werkes beziehen sich auf das in der Bundesrepublik Deutschland geltende Recht.

1. Auflage 2018

ISBN:
978-3-7469-1001-7 (Paperback)
978-3-7469-1002-4 (Hardcover)

Rechtsanwalt
René Jorde (Dipl.-Wirtschaftsjurist FH)
Plochinger Straße 13
40593 Düsseldorf
www.Rene-Jorde.de
info@Rene-Jorde.de

Korrektorat: Dr. Anette Nagel (www.contexta.de)

Distribution und Druck: tredition GmbH, Hamburg

Inhalt

Einleitung

Kennen Sie das Gefühl? Ihre Finger fliegen über die Tastatur und geraten plötzlich ins Stocken. Darf ich das so schreiben? Darf ich meinen Protagonisten so nennen? Darf ich echte Unternehmen und Marken benutzen? Und was passiert, wenn falsche Informationen zu Schäden führen?

Bei jeder Buchveröffentlichung lauern rechtliche Fallen. Dort hineinzutappen kann unangenehme Folgen haben: Abmahnungen, Schadensersatzforderungen, Anwaltskosten, die Vernichtung des Buches und mehr. Als Autor sind Sie dafür verantwortlich, dass Ihr Buch keine Rechte verletzt. Das gilt für Selbstverleger, aber auch, wenn Sie über einen Verlag veröffentlichen. Denn die Haftung wird fast immer durch den Verlagsvertrag auf Sie abgewälzt.

Mit diesem Buch möchte ich Ihren Blick für rechtliche Fallen schärfen. Das kann eine individuelle Beratung nicht ersetzen, aber Sie können ein Gespür dafür entwickeln, wann Ihr Text »gefährlich« wird. Dabei geht es um Urheber-, Marken-, Namens-, Wettbewerbs- und Persönlichkeitsrechte. Das hört sich viel an. Aber keine Sorge, dieses Buch ist verständlich geschrieben – sagt meine Schwester. Und ihr können Sie glauben, denn trotz Familie, Kindern und Beruf hat sie Korrektur gelesen, mir juristische Fachwörter gestrichen und gnadenlos in den Anhang verbannt. Danke dafür – Rebecca!

Dieses Buch hat einen roten Faden. Es orientiert sich am Ablauf eines Buchprojektes, von der Buchidee bis zum Ende des Urheberrechtes:

Buchidee / Buchkonzept / Probekapitel
Das Urheberrecht entsteht
(Kapitel 1)
↓
Ziele setzen
Persönliche und finanzielle Ziele, Zielgruppen
(Kapitel 2)
↓
Rahmenbedingungen schaffen
Buch- oder Selbstverlag, Hobby, Nebenjob oder Beruf
(Kapitel 3)
↓
Verträge schließen
Verlagsvertrag, Agenturvertrag, Buchvertrag
(Kapitel 4)
↓
Manuskript schreiben / Buch gestalten
Dabei auf rechtliche Fallen achten
(Kapitel 5)
↓
Buch veröffentlichen
ISBN, Herstellung, Pflichtexemplare, VG Wort
(Kapitel 6)
↓
Marketing und Verkauf
Werbung, Pressearbeit, Vertrieb
(Kapitel 7)
↓
Ende des Urheberrechtes

Beim Schreiben dieses Buches habe ich mir vorgestellt, Sie Schritt für Schritt bei der Entstehung Ihres Buches zu begleiten. Wie ein unsichtbarer Berater, der rechtliche Tipps gibt und den wirtschaftlichen Erfolg Ihres Buches wünscht. Daher wäre es gut, wenn Sie die Kapitel der Reihe nach lesen. Beginnend mit dem Urheberrecht. Denn das Urheberrecht ist die Grundlage Ihres Buchprojektes und spielt in jeder Phase eine Rolle. Folgen Sie dann dem roten Faden, so erhalten Sie ein solides Gesamtbild. Bei Bedarf können Sie später einzelne Punkte nochmals nachschlagen.

Das Buch richtet sich an Selbstverleger und Autoren. Für juristisch interessierte Leser mag der Anhang mit Rechtsquellen und Erläuterungen interessant sein. Es gilt das Motto: Verständlichkeit geht vor rechtlichen Details! Bitte haben Sie das im Hinterkopf, wenn Sie Ratschläge befolgen. Unser Rechtssystem ist ein komplexes Gebilde, aus dem ich hier einzelne Aspekte vereinfacht darstelle. Deshalb sollten Sie immer damit rechnen, dass es im Einzelfall Ausnahmen geben kann oder weitere Faktoren eine Rolle spielen.

Bevor es nun losgeht, noch ein lautes Dankeschön für die wertvollen Fragen und Anregungen, die ich in Autorenforen erhalten habe. Dadurch ist dieses Buch lebendig geworden und beantwortet, was Sie wissen wollen.

Viel Erfolg für Ihr Buch!

Rechtsanwalt
René Jorde

1.
Urheberrecht
das Wichtigste zuerst

Erste Lebenszeichen zu entdecken ist wahrlich aufregend. Der pulsierende Herzschlag auf dem Ultraschall – unvergesslich, rasend. Das frische Grün des Frühlings und die zündende Idee für ein Buch, das Generationen begeistern könnte.

Einem Buch Leben einzuhauchen ist ein erhabenes Gefühl. Genießen Sie es. Nutzen Sie den von Ihrer Buchidee freigesetzten Tatendrang, um Ihr Buchkonzept zu skizzieren. Bringen Sie Ihre Ideen zu Papier, umreißen Sie Handlungsstränge und geben Sie den Protagonisten Charakter. Erstellen Sie das Inhaltsverzeichnis, wenn es ein Sachbuch werden soll. Und schreiben Sie ruhig schon ein Kapitel, da es ja gerade gut läuft.

Mit Buchkonzept und Probekapitel haben Sie schon die ersten Schritte in Richtung Veröffentlichung getan. Auch in rechtlicher Hinsicht ist schon etwas Wichtiges passiert: Sie sind Urheber geworden!

Was Sie in diesem Kapitel erfahren

- Wie das Urheberrecht entsteht
- Was das Urheberrecht beinhaltet
- Was Verwertungs- und Nutzungsrechte sind
- Wie Sie Ihr Urheberrecht schützen können
- Wann das Urheberrecht endet

Entstehung und Umfang des Urheberrechtes

Das Urheberrecht entsteht bereits, indem Sie Texte in den Computer tippen oder Ihr Konzept niederschreiben.[1] Sie brauchen nicht erst Ihr fertiges Buch zu veröffentlichen oder sich, wie bei Marken und Patenten, in ein Register eintragen zu lassen. Ihr Werk muss lediglich eine persönliche geistige Schöpfung sein.[2] Das heißt, es muss einen Ausdruck kreativen Schaffens haben und einen gewissen Grad an Individualität besitzen. Die Anforderungen hieran sind nicht allzu streng. Wenn in Ihrem Buchkonzept – wovon ich ausgehe – mehr Kreativität steckt als in standardisierten Geschäftsbriefen oder dem Wetterbericht, sind Sie bereits jetzt stolzer Inhaber des Urheberrechtes. Dies bezieht sich momentan »nur« auf Ihr Buchkonzept. Mit jedem weiteren geisthaltigen Satz, den Sie nun schreiben, wachsen Buch und Urheberrecht gemeinsam.

Das Urheberrecht ist eine Belohnung für kreative Arbeit. Weil Sie sich schriftstellerisch betätigen, erhalten Sie vom Staat eine Vielzahl an Rechten zugesprochen. Mit diesen können Sie Ihr Werk schützen und Geld verdienen.

Das Urheberrecht	
Persönlichkeitsrechte	**Verwertungsrechte**
Rechte, die dem Schutz der geistigen und persönlichen Beziehung des Urhebers zu seinem Werk dienen. • Erstveröffentlichungsrecht • Recht auf Nennung als Urheber • Recht auf Anerkennung der Urheberschaft	Rechte, die der wirtschaftlichen Verwertung des Werkes dienen. Die Verwertung erfolgt durch das Einräumen von Nutzungsrechten. • Vervielfältigungsrecht • Verbreitungsrecht • Vortragsrecht

Schaubild 1: *Urheberrecht – Grundbaustein für Selbstverleger und Autoren*

Stellen Sie sich das Urheberrecht als »Produkt« vor. Egal, ob Sie es einem Verlag als Großabnehmer oder einzelnen Kunden im Selbstverlag anbieten – je besser Sie Ihr Produkt kennen, desto erfolgreicher können Sie es verkaufen. Das erste Schaubild zeigt: Urheberrecht ist der Oberbegriff für Urheberpersönlichkeitsrechte und die wirtschaftlich interessanten Verwertungsrechte. Diese unterteilen sich wiederum in einzelne Rechtspositionen. Indem Sie Ihr Buch schreiben, erhalten Sie also ein ganzes Bündel an Rechten, das insgesamt als Urheberrecht bezeichnet wird.

Das Urheberpersönlichkeitsrecht

Durch Urheberpersönlichkeitsrechte wird die persönliche Beziehung zwischen Ihnen und Ihrem Werk zum Ausdruck gebracht.[3] Daraus ergibt sich Ihr Recht, als Urheber genannt zu werden – oder Ihre wahre Identität durch ein Pseudonym zu verbergen. Auch haben Sie das Recht zur ersten Veröffentlichung. Das bedeutet, nur Sie entscheiden, ob Ihr Werk überhaupt das Licht der Öffentlichkeit erblicken soll. Werden Urheberpersönlichkeitsrechte verletzt, können Sie sich dagegen wehren. Das Gleiche gilt, wenn Ihr Werk entstellt wird:

Die entstellte Geschichte

Angenommen, Ihr Wunsch geht in Erfüllung. Ihr Roman wird ein echter Bestseller und nach vielen Tausend verkauften Exemplaren meldet sich ein Filmproduzent bei Ihnen. Begeistert unterschreiben Sie die Verträge und freuen sich auf den Film. Nach ein paar Jahren ist es endlich so weit. Premiere, und Sie sitzen nur zwei Reihen hinter den Hauptdarstellern. Natürlich kann der Film nicht visualisieren, was Sie sich beim Schreiben vorgestellt hatten. Aber das kommt nicht unerwartet und Sie freuen sich, dass Hauptfiguren und Story erkennbar sind. Doch dann! Ganz am Ende. Wo im Buch die philosophische Kernbotschaft vermittelt wird, weicht der Film ab. Die Botschaft Ihres Buches wird verfälscht und Sie sind geschockt.

So ähnlich wird es wohl Michael Ende ergangen sein, als er die Verfilmung seines Romans »Die unendliche Geschichte« zum ersten Mal sah. Denn der Roman sieht eine strikte Trennung von Fantasie und realer Welt vor. Diese wurde in der Schlussszene des Films jedoch aufgehoben. Diese Abweichung sah das Oberlandesgericht München als Entstellung des Buches an. Denn nach Ansicht der Richter wurde aus dem philosophisch geprägten Schriftwerk für Kinobesucher ein »bloßer« Science-Fiction-Roman.[4]

Das Beispiel macht deutlich, wie weit der Schutz vor Entstellung gehen kann. Verändert jemand Ihr E-Book wesentlich und vertreibt es dann, liegt eine direkte Entstellung vor. Aber auch die Veröffentlichung eines unveränderten Textes kann entstellend sein, wenn dieser in einem anderen Zusammenhang präsentiert wird. So werden einem Gedichtband entnommene Liebesverse entstellt, wenn sie als »Lobeshymne« für Funktionäre des Dritten Reiches eingesetzt werden.

Wenn Ihre Urheberschaft angegriffen oder Ihr Werk entstellt wird, können Sie sich wehren. Dafür brauchen Sie aber nicht gleich die große Keule schwingen und mit Klage drohen. Oft reicht es schon, zu zeigen, dass Sie Ihre Rechte kennen. Das gilt besonders im Umgang mit Verlagen und Lektoren. Mit diesen wollen Sie langfristig zusammenarbeiten und nicht vor Gericht streiten. Sollte das Lektorat aber unerträglich viel an Ihrem Text verändern, dann lassen Sie in einem freundlichen Gespräch doch einfach mal das Wort »Entstellung« einfließen. Bei vernünftigen Lektoren – und die meisten sind vernünftig – sollten dann die Alarmglocken läuten. Läuten sie nicht, fragen Sie ihn direkt, ob er § 14 Urheberrechtsgesetz kennt, denn dort ist die Entstellung geregelt.

Die Verwertungsrechte

Verwertungsrechte sind der wirtschaftliche Teil des Urheberrechtes.[5] Mit ihnen lässt sich Geld verdienen! Daher dreht sich im Literaturgeschäft alles um diese Verwertungsrechte. Egal, ob Sie bei einem renommierten Buchverlag, mit Amazon oder über einen Distributor veröffentlichen; alle Beteiligten wollen Nutzungsrechte an Ihren Verwertungsrechten. Die Nutzungsrechte werden durch Lizenzverträge – wie beispielsweise einen Verlagsvertrag – eingeräumt.

Verwertungsrechte, Lizenzen & Co.

Zugegeben, die Begriffe Verwertungsrechte, Nutzungsrechte, Nutzungsarten und Lizenzen sind verwirrend. Denn sie werden von Internet und Presse gerne durcheinandergewürfelt. Dieser Abschnitt bringt nun Licht ins Dunkle und Sie werden später bei Verträgen einschätzen können, worauf Sie sich einlassen.

Ihr Multifunktionskopierer

Stellen Sie sich Verwertungsrechte wie einen kleinen Chip in einem großen Multifunktionskopierer vor. Auf diesem Chip ist Ihr Werk gespeichert. Nun steht der Kopierer glänzend in der von Ihnen eigens dafür eröffneten Buch-Boutique. Nach ein bisschen Werbung kommen auch schon die ersten Kunden. Sie freuen sich riesig und verkaufen bereits am ersten Tag 40 gedruckte Bücher. Auch am nächsten Tag reißt der Strom nicht ab und einige Leser bringen ihren E-Book-Reader mit. Kein Problem für Ihr Gerät. Knopfdruck! Und schon ist ein E-Book auf dem Reader. Am Ende der Woche haben Sie knapp 500 Taschenbücher und 150 E-Books unter die Leute gebracht.

Soweit Ihre Verkaufserfolge. Was ist aber nun rechtlich in Ihrer Boutique passiert? Betrachten wir zunächst den »Verkauf« der Bücher: Wer ein Buch erwirbt, kauft bedrucktes Papier und erhält gleichzeitig Nutzungsrechte am Inhalt des Buches. Es werden also ein Kaufvertrag über die Sache – das materielle Buch – und ein Lizenzvertrag über die Nutzung des Buchinhaltes geschlossen. Mit »Inhalt« sind die Wirkungen, also die Emotionen und geistigen Bilder, die Ihr Text beim Leser hervorruft, gemeint. Dieser ist nicht greifbar, kann aber erlebt werden und so Unterhaltung und Nutzen bringen. Der Inhalt ist der »geistige« Teil eines Buches und wird daher als immaterielles Gut bezeichnet.

Bei den E-Books, die auf mitgebrachte Lesegeräte gespeichert werden, fällt der materielle Teil des Geschäftes weg. Es gibt also nur einen Lizenzvertrag, durch den Sie Lesern Nutzungsrechte an Ihren Verwertungsrechten einräumen. Zu den für Autoren wichtigsten Verwertungsrechten gehören:

- Vervielfältigungsrecht (Recht, Ihr Werk zu kopieren – Papier / digital)
- Verbreitungsrecht (Recht, das Werk öffentlich anzubieten – zu vertreiben)
- Vortragsrecht (Recht, Ihr Buch öffentlich vorzulesen)

Wenn Sie nun mit Ihrem Superkopierer ein Taschenbuch drucken, bleibt der kleine Chip, auf dem die Buchdaten sind, davon unberührt. Er wird nicht verbraucht, nicht verändert und auch nicht verkauft. Genauso verhält es sich mit den Verwertungsrechten. Sie bleiben bei Ihnen und später bei Ihren Erben, bis das Urheberrecht abläuft.

Um nun mit den »ewig« in der Familie bleibenden Verwertungsrechten Geld zu verdienen, müssen Sie Nutzungsrechte vergeben. Damit erlauben Sie anderen, Ihr immaterielles Gut – also Ihre Verwertungsrechte – zu nutzen. Dafür können Sie Geld verlangen. Nutzungsrechte können sehr differenziert und frei gestaltet werden:

Ihr Multifunktionskopierer läuft nun schon seit drei Wochen auf Hochtouren, als Sie unerwartet von einem überdurchschnittlich gut gekleideten Herrn gefragt werden, ob Sie Englisch sprechen. Mutig bejahen Sie die Frage und der Mann erklärt, dass er Ihren Roman gerne auf dem amerikanischen Markt anbieten möchte. Erfolglos versuchen Sie, die Dollarzeichen in Ihren Augen zu unterdrücken, und bitten den Agenten ins Hinterzimmer der Boutique.

Mit dem Besuch des Agenten hat Ihr Buchprojekt eine andere Ebene erreicht. Bis dato haben Sie Einzelnutzungsrechte direkt an Ihre Leser vergeben. Dafür haben Sie Taschenbücher gedruckt und E-Books gespeichert. Dabei wurde jedes Mal ein mündlicher Lizenzvertrag abgeschlossen, der dem »Käufer« erlaubte, den Inhalt des Buches so zu nutzen, wie es bei Buchverkäufen üblich ist: also es selbst zu lesen oder zu verschenken, es an Freunde zu verleihen und vielleicht später einmal zu verkaufen.

Nun möchte jemand Ihr Buch übersetzen und in Amerika auf den Markt bringen. Auch hierfür schließen Sie einen Lizenzvertrag, in dem Sie Nutzungsrechte an Ihren Verwertungsrechten einräumen. Klar ist aber: Maßstab und Tragweite dieses Vertrages sind viel größer. Zeit also, um Nutzungsrechte genauer anzuschauen.

Nutzungsrechte und Lizenzen

Das Wort »Lizenz« hat im täglichen Leben viele Bedeutungen: Der Gastwirt besitzt eine Schanklizenz, Fußballvereine haben eine Bundesliga-Lizenz und Piloten die Fluglizenz.

Im urheberrechtlichen Sinne sind Nutzungsrechte und Lizenzen dasselbe. Sie sind das Recht, die Verwertungsrechte des Urhebers auf eine bestimmte Art und Weise nutzen zu dürfen. In manchen Verträgen werden den Begriffen jedoch unterschiedliche Bedeutungen gegeben: Der Autor vergibt »Nutzungsrechte«

an den Verlag. Der Verlag wiederum vergibt »Lizenzen« an Buchhändler und die Leser. Oder der Autor vergibt eine Lizenz an den Verlag. Dieser vergibt Unterlizenzen an Buchhändler und Leser.

Lassen Sie sich von den Begriffen nicht verwirren. Nutzungsrecht ist gleich Lizenz! Denn im Kern geht es immer darum, wie Ihre Verwertungsrechte genutzt werden dürfen.

Ausgestaltung von Nutzungsrechten

Die von unserem Wirtschaftssystem forcierte Gewinngier hat auch vor Literaturbetrieben nicht haltgemacht. Daher streben viele Verlage und Agenturen danach, sich für wenig Geld möglichst weitgehende Nutzungsrechte einräumen zu lassen. Hier können Autoren schnell in die Falle tappen! Stellen Sie sich daher Nutzungsrechte wie eine Währung vor. Manche Nutzungsrechte sind nur ein paar Euro wert. Andere sind die großen Scheine. Wie echtes Geld, lassen sich auch Nutzungsrechte stückeln:

- In zeitlicher Hinsicht – für die gesamte Laufzeit des Urheberrechtes oder kürzer
- In räumlicher Hinsicht – auf Länder / Regionen oder Sprachräume begrenzen
- Nach Inhalten – Vervielfältigung, Veröffentlichung, Vortragsrecht usw.
- Nach Nutzungsarten – Paperback, Hardcover, E-Book, CD usw.
- Nach anderen Rechten – Übersetzung, Verfilmung, Audio-Book
- Als ausschließliche oder einfache Nutzungsrechte – Exklusivität

Welche dieser Nutzungsrechte wird der amerikanische Agent nun von Ihnen haben wollen? Welche sollten Sie Ihm einräumen und welchen Preis können Sie dafür verlangen? Diese Fragen lassen sich nicht pauschal beantworten – zeigen aber, worauf Sie bei der Vergabe von Nutzungsrechten immer achten sollten. Die Agentur braucht zwingend bestimmte Nutzungsrechte, damit sie Ihr Werk überhaupt auf den amerikanischen Markt bringen darf. Dazu gehört zunächst das Recht, Ihr Werk auf Englisch übersetzen zu dürfen. Präsentiert Ihnen der Agent nun einen Vertrag, in dem Sie ihm das Übersetzungsrecht vom Deutschen in alle Sprachen der Welt unterschreiben sollen, müssen Sie hellhörig werden! Denn jeder Sprachraum hat seinen Wert. Vielleicht kommt nächste Woche eine französische Agentur. Wenn Sie dem Amerikaner exklusiv alle Übersetzungsrechte einräumen, können Sie diese nicht noch einmal vergeben.

Ebenso verhält es sich mit regionalen Bezügen. Was ist denn der amerikanische Markt? Zählt Südamerika mit dazu? Auch hier gilt es genau hinzuschauen. Denn mit der Formulierung: »*... in alle Sprachen der Welt für den amerikanischen Markt*« kann es gut sein, dass Ihr Buch auch ins Spanische übersetzt und in Lateinamerika vertrieben wird. Und das, obwohl Sie bei dem Besuch des gut gekleideten Herrn eigentlich nur an Englisch und die Vereinigten Staaten gedacht hatten.

Verträge, die Ihr Buch betreffen, können sehr langfristig sein. Darum gilt: Schauen Sie genau hin! Werden Sie sich bewusst, wie detailliert Nutzungsrechte unterteilt und kombiniert werden können – und vor allem, dass sie wertvoll sind.

In Lizenzverträgen gibt es immer Nutzungsrechte, die eingeräumt werden müssen, damit der Zweck des Vertrages überhaupt erreicht werden kann. Bei diesen »notwendigen« Nutzungsrechten geht es »nur« darum, wie viel Geld Sie dafür als Gegenleistung bekommen. Ob Sie darüber hinausgehende Nutzungsrechte einräumen wollen, ist Verhandlungssache. Natürlich spielt in der Praxis die Stärke der Verhandlungspositionen eine entscheidende Rolle. Von rechtlicher Seite her ist aber vieles möglich: Sie könnten in jedem Land der Welt mit einem anderen Verlag zusammenarbeiten. Sie könnten Filmrechte an drei konkurrierende Agenturen vergeben oder E-Books selbst vertreiben und einem Buchverlag nur Nutzungsrechte für Printausgaben geben.

Nutzungsarten

Haben Sie einem Buchverlag die Nutzungsrechte für Printausgaben Ihres Werkes eingeräumt, darf er es als Paperback, Hardcover, Taschenbuch oder in anderen Druckformen vervielfältigen. Bei den verschiedenen Druckformen handelt es sich um Nutzungsarten.

Durch Nutzungsarten werden die Nutzungsrechte konkretisiert und greifbar gemacht. Sie haben aber auch eine rechtliche Bedeutung. Denn grundsätzlich gilt: Für Nutzungsarten, die nicht ausdrücklich im Lizenzvertrag genannt werden, wurden keine Nutzungsrechte eingeräumt. Daher sind Verlage stets bemüht, möglichst alle denkbaren Nutzungsarten aufzuführen, um das Werk in möglichst vielen Formen vermarkten zu können.

Das zweite Schaubild stellt die Zusammenhänge zwischen Verwertungsrechten, Nutzungsrechten und Nutzungsarten dar. Es zeigt die Situation, dass ein Autor E-Books selbst vertreibt und gleichzeitig einem Verlag den Verkauf seines Werkes als Paperback überlässt.

Verwertungsrechte - Nutzungsrechte - Nutzungsarten

Der Autor vertreibt seine E-Books selbst.	**Der Verlag vertreibt dasselbe Werk des Autors als Paperback.**
Für den Vertrieb der E-Books nutzt der Autor einen Teil seiner **Verwertungsrechte** selbst.	An seinen **Verwertungsrechten** räumt der Autor dem Verlag **Nutzungsrechte** ein, damit dieser das Werk als Paperback vervielfältigen und verbreiten darf.
Der Autor vervielfältigt und verbreitet sein Werk in der **Nutzungsart** E-Book.	Der Verlag vervielfältigt und verbreitet das Werk des Autors in der **Nutzungsart** Paperback.

Schaubild 2: *Die Begriffe Verwertungsrechte, Nutzungsrechte, Nutzungsarten*

Zukünftige Nutzungsarten

Der technische Fortschritt bringt immer wieder neue Nutzungsarten hervor. So gibt es E-Books erst seit 1988 und wer weiß, was während der langen Laufzeit Ihres Urheberrechtes noch alles erfunden werden wird? Die gute Nachricht hierbei ist: Ihre Verwertungsrechte beziehen sich automatisch auch auf zukünftige Nutzungsarten.

Anders die Nutzungsrechte. Diese beziehen sich grundsätzlich nur auf die im Lizenzvertrag konkret bezeichneten Nutzungsarten. Da ich »grundsätzlich« geschrieben habe, ahnen Sie es schon. Es gibt Ausnahmen: Und zwar können in Lizenzverträgen – wie dem bereits erwähnten Verlagsvertrag – auch Nutzungsrechte für heute noch unbekannte Nutzungsarten eingeräumt werden.[6] Wichtigster Punkt ist dabei die Vergütungsregelung.[7] Fehlt eine Vereinbarung über die Vergütung oder ist sie unwirksam, hat der Autor ein dreimonatiges Widerrufsrecht. Aber Achtung: Die Frist für den Widerspruch beginnt bereits, wenn der Verlag eine Mitteilung über die geplante Aufnahme der neuen Nutzungsart an die letzte ihm bekannte Anschrift absendet. Denken Sie also daran, dem Verlag Änderungen Ihrer Kontaktdaten mitzuteilen.

Schutz gegen Urheberrechtsverletzungen

Urheberrechtsverletzungen können viele Gesichter haben. Sie reichen von einzelnen Absätzen bis zu ganzen Buchsammlungen, die von organisierten Raubkopierern zusammengestellt werden. Um dem entgegenzuwirken, hat der Gesetzgeber eine Reihe von Sanktionen geschaffen, die auch gerichtlich durchgesetzt werden können.

Die Verteidigung gegen Urheberrechtsverletzungen bringt oft praktische Hindernisse mit sich. Auch sind Kosten und andere wirtschaftliche Risiken nicht zu unterschätzen. Um diese zu verringern, ist es ratsam, die eigene Rechtsposition zu kennen und schon im Vorfeld zu stärken.

Dr. Plagiatus

Stellen Sie sich vor, Sie würden nach einem arbeitsreichen Tag gemütlich vor dem Fernseher sitzen. Es gongt und die Tagesschau erzählt Ihnen, dass schon wieder ein Politiker seine Doktorarbeit zusammenkopiert hat. Sie sind entsetzt. Und als Sie das Thema der Promotion hören, springen Sie auf. Der Laptop fährt hoch – zu langsam. Sie googeln. Und da ist es, Ihr düsterer Verdacht bestätigt sich: Ein ganzes Kapitel Ihres Buches wurde kopiert – einfach so.

Neben politischen Konsequenzen können solche Urheberrechtsverletzungen auch rechtliche Folgen haben:[8]

Mögliche Folgen von Urheberrechtsverletzungen	
Zivilrechtliche Folgen	**Strafrechtliche Folgen**
• Beseitigung der Beeinträchtigung • Unterlassung • Schadensersatz • Ersatz von Abmahnkosten • Vernichtung der Bücher • Rückruf bereits verbreiteter Bücher • Überlassung der Bücher • Auskunftsansprüche	• Geldstrafe • Freiheitsstrafe • Der Versuch ist strafbar • Einziehung der Bücher

Schaubild 3: *Zivil- und strafrechtliche Folgen von Urheberrechtsverletzungen*

Die zivilrechtlichen Folgen im dritten Schaubild zeigen, welche Rechte Sie haben, wenn Ihr Urheberrecht verletzt wird. Im Kern geht es darum, dass Sie die Verletzungshandlungen stoppen und Schadensersatz verlangen können. Sie haben also einen Anspruch darauf, dass die Doktorarbeit des besagten Politikers sofort aus den Buchhandlungen und Onlineshops verschwindet. Und wenn Sie Ihr Recht mithilfe eines Anwalts durchsetzen, hat der Verletzer Ihnen die Kosten dafür zu erstatten.

Darüber hinaus ist auch eine Strafanzeige bei der Polizei denkbar. Je nach Ausmaß der Urheberrechtsverletzungen kann diese zu einer Freiheitsstrafe von bis zu fünf Jahren führen.

Die zivil- und strafrechtlichen Sanktionen können alle gleichzeitig eingeleitet werden. In der Praxis ist es jedoch oft zweckmäßig, schrittweise vorzugehen und zunächst einen Dialog mit dem Verletzer zu eröffnen. Dieser kann zu einer außergerichtlichen Einigung führen, die für alle Beteiligten tragbar ist. Verhandeln auf beiden Seiten Verlage oder anwaltliche Vertreter, sind weniger Emotionen im Spiel und es kommt sogar vor, dass aus einer Urheberrechtsverletzung eine langfristige, erfolgreiche Zusammenarbeit wird. Ist keine Einigung zu erzielen, können Gerichte und Strafverfolgungsbehörden eingeschaltet werden.

Wann ist das Urheberrecht verletzt?

Damit die soeben beschriebenen Folgen eintreten, muss das Urheberrecht tatsächlich auch verletzt worden sein. Beim Plagiat des Politikers liegt das auf der Hand. Denn er hat ein ganzes Kapitel aus Ihrem Buch kopiert und in seiner Doktorarbeit veröffentlicht. In anderen Fällen ist die Verletzung nicht so eindeutig.

Die rechtliche Prüfung von Urheberrechtsverletzungen ist komplex. Ein gesundes Grundverständnis bekommen Sie aber durch drei Fragen:

- Ist der kopierte Teil Ihres Buches urheberrechtlich geschützt?
- Ist das Kopieren ausnahmsweise gesetzlich erlaubt?
- Wurde eventuell in das Kopieren eingewilligt?

Durch die Beantwortung dieser Fragen können Sie abschätzen, ob Ihr Urheberrecht verletzt sein könnte. Wichtig ist dabei jedoch immer, Ihren konkreten Fall vor Augen zu haben. Also bewusst festzustellen, was kopiert wurde und wie die Kopie dargestellt wird: Ist der Text unverändert übernommen oder »nur« Ihre Idee »geklaut« worden? Wird Ihr Text zitiert oder für schulische Zwecke genutzt? Wo haben Sie die Kopie Ihres Textes gefunden?

Ist der kopierte Teil urheberrechtlich geschützt?

Bereits einzelne Sätze eines Buches können urheberrechtlich geschützt sein. Wenn dieser eine Satz voller Kreativität und Individualität steckt, darf ihn grundsätzlich niemand ohne Ihre Erlaubnis kopieren. Das gilt erst recht für ganze Absätze und Kapitel.

Was Copyright © bedeutet

In Deutschland ist es nicht notwendig, das Copyright-Symbol © zu benutzen. Das Urheberrecht entsteht unabhängig davon. Wer seinem Namen das Symbol © voranstellt, gibt damit zu erkennen, Urheber oder Inhaber ausschließlicher Nutzungsrechte zu sein.

Das Urheberrecht schützt die konkrete Ausgestaltung Ihrer Buchidee. Nicht jedoch die Idee selbst! Das ist ein wichtiger Aspekt, der bei Selbstverlegern und Autoren immer wieder zu Missverständnissen führt. Jeder darf einen Roman über Zauberlehrlinge, die in ihrer Zauberschule Abenteuer erleben, schreiben. Diese Idee ist nicht geschützt. Die konkrete Beschreibung der Handlungsorte, Figuren und Geschehnisse darf jedoch nicht kopiert werden. Nicht wörtlich und auch nicht so, dass eine Harry-Potter-Geschichte erkennbar wird. Eine scharfe Trennlinie gibt es nicht. Es kann sie auch nicht geben, denn derselbe Text ruft bei jedem Leser andere geistige Bilder hervor. Je ähnlicher die Protagonisten und Abläufe jedoch sind, desto höher ist die Wahrscheinlichkeit, dass Urheberrechtsverletzungen vorliegen.

Ähnlich ist es bei Sachbüchern. Die vermittelten Informationen sind durch das Urheberrecht nicht geschützt. Diese dürfen von anderen Autoren frei verwendet werden. Die konkrete Art und Weise, wie die Informationen dem Leser vermittelt werden, ist hingegen geschützt, wenn sie einen gewissen Grad an Individualität aufweist.

Ghostwriter

Ghostwriter schreiben Bücher für andere. Es ist selten, dass Prominente ihre Bücher selbst verfassen. Ihr Name steht zwar auf dem Cover. Der Text ist aber von einem Ghostwriter. Dieser ist Urheber. Denn es kommt nicht darauf an, wer als Autor genannt wird, sondern wer das Werk geschaffen hat. Der Ghostwriter verzichtet jedoch darauf, genannt zu werden. Denn darum geht es dem Prominenten ja gerade. Er möchte wie der Autor dastehen.

Ist das Kopieren ausnahmsweise gesetzlich erlaubt?

Zum Wohle der Allgemeinheit erlaubt das Gesetz in bestimmten Fällen das Kopieren von urheberrechtlich geschützten Texten. Diese Ausnahmen werden als Schranken bezeichnet, da sie die Verwertungsrechte des Urhebers einschränken.

Das Urheberrecht soll der Pressefreiheit, Bildung und Wissenschaft nicht im Wege stehen. Daher sind für Berichterstattung, Unterricht und Forschung Ausnahmen vorgesehen. Die für Autoren wohl interessanteste davon ist das Zitat. Denn andere Autoren dürfen Teile aus Ihrem Buch zitieren, wenn dies der Erläuterung des eigenen Textes dient oder eine Auseinandersetzung mit Ihrem Text erfolgen soll. Dabei muss jedoch die Quelle des Zitates angegeben und darauf geachtet werden, dass nicht mehr zitiert wird, als für die Erfüllung des Zweckes notwendig.

Wurde in das Kopieren des Textes eingewilligt?

Wenn Sie im Online-Shop von Amazon einige Seiten Ihres Buches als Vorschau angezeigt bekommen, blicken Sie auf eine digitale Kopie eines Teiles Ihres Werkes. Vielleicht verrät Amazon damit für Ihren Geschmack zu viel vom Inhalt und Sie fragen sich, dürfen die das überhaupt? Für die Vorschauansicht von Büchern gibt es keine gesetzliche Ausnahme. Daher darf Amazon Ihren Text nur anzeigen, wenn Sie dem zugestimmt haben. Solche Zustimmungen, genauer gesagt, die Erteilung eines Nutzungsrechtes zur Erstellung und Veröffentlichung einer Textvorschau, sind oft im Kleingedruckten als Unterlizenz versteckt. Ihre Einwilligung erfolgt also gegenüber dem Verlag oder Distributor. Dieser wiederum erlaubt Amazon den Vorschautext.

Einwilligungen müssen nicht schriftlich erteilt werden. Sie können mündlich und sogar durch schlüssiges Handeln erfolgen. Bevor Sie wegen Urheberverletzungen gegen jemanden vorgehen, sollten Sie daher auch prüfen, ob Sie nicht doch in die Kopie Ihres Textes eingewilligt haben.

Was tun bei Urheberrechtsverletzungen?

Verletzt ein bekannter Politiker Ihr Urheberrecht, werden Sie wohl keine Probleme haben, diesen belangen zu können. Denn dessen Verlag ist schnell gefunden und Ihnen stehen Auskunftsansprüche zur Seite. In der Praxis ist es aber oft ein Problem, überhaupt festzustellen, wer hinter einer Urheberrechtsverletzung steckt. Denken Sie nur an Internet-Tauschbörsen oder Verlage, die über Briefkastenfirmen von wer weiß wo auf der Welt operieren.

Wirtschaftliche Aspekte – Urheberrechtsverletzungen im Internet

So weh es auch tun mag – bei Urheberrechtsverletzungen im Internet sollten Sie pragmatisch denken. Es gilt Kosten und Nutzen abzuwägen. Auf Internetportalen wie Ebook-Hell oder Ebook-Land werden tausende Bücher zum kostenlosen Download angeboten. Hinzu kommen zahlreiche File-Sharing-Plattformen, wo E-Books »geteilt« werden. Wenn Ihr Buch dort auftaucht, stehen Sie vor einer wirtschaftlichen Entscheidung:

Lohnt es sich, Geld in die technisch aufwendige und oft nicht von Erfolg gekrönte Suche nach den Raubkopierern zu stecken? Natürlich ist es ungerecht, wenn jemand Ihr Buch kostenlos liest, obwohl Sie so viel Arbeit darin investiert haben. Wirtschaftlich sinnvoll ist die Verfolgung aber erst, wenn die Kosten der Ermittlungen durch entsprechende Mehreinnahmen aus Buchverkäufen und realisierbaren Schadensersatzforderungen kompensiert werden können. So ist die Praxis – leider.

Verklagen oder nicht?

Wissen Sie jedoch genau, wer Ihr Urheberrecht verletzt hat, können Selbstverleger sofort handeln. Verlagsautoren sollten zunächst in den Verlagsvertrag schauen. Dort ist in den meisten Fällen geregelt, wer für die Abwehr von Urheberrechtsverletzungen zuständig ist.

Wenn die Zuständigkeiten geklärt sind, kann der Verletzer abgemahnt und verklagt werden. Oft kommen dafür gleich mehrere Beteiligte in Frage: Autor, Verlag, Buchhandlung, Druckerei – im Internet-Bereich: der Plattform-Betreiber und eventuell Nutzer, die Bücher hochladen. An wen Sie welche Ansprüche richten können, ist eine Frage des Einzelfalls und sollte genau geprüft werden, da Sie sich sonst selbst schadensersatzpflichtig machen könnten und auf Ihren Anwaltskosten sitzen bleiben.

Urheberrechtliche Streitigkeiten müssen nicht zwangsläufig vor Gericht ausgetragen werden. In vielen Fällen ist eine außergerichtliche Einigung die bessere Lösung. Denn Sie können mit Verletzern auch einen »Lizenzvertrag« schließen. Darin würden – gegen Zahlung eines Geldbetrages natürlich – die Urheberrechtsverletzungen der Vergangenheit erledigt. Gleichzeitig können Sie für die Zukunft ein angemessenes Entgelt für die Nutzung Ihres Textes vereinbaren.[9]

Für einen solchen Vertrag ist Ihre Verhandlungsposition recht gut. Denn dem Verletzer dürfte klar sein, dass eine gerichtliche Auseinandersetzung lange dauern und teuer werden kann. Auch würde es seinem Image schaden, wenn er die Bücher aus den Regalen nehmen muss und die Sache womöglich in der Presse breitgetreten wird. Um das zu vermeiden, legen Verletzer auch schon mal Geld auf den Tisch.

Ihre Rechtsposition stärken

Immer wenn es um urheberrechtliche Fragen geht, gibt es eine erste Hürde: Sie müssen beweisen, dass Sie auch wirklich der Urheber Ihres Werkes sind!

Wie Sie bereits wissen, gibt es kein allgemeines »Urheberregister«[10], denn das Urheberrecht entsteht allein durch den Schöpfungsakt. Daher kann es im Einzelfall schwierig sein, die Urheberschaft zu beweisen. Das gilt besonders für Bücher, die über Jahre hinweg im stillen Kämmerlein entstanden sind, ohne dass es eine beweissichere Dokumentation dafür gibt.

Dank des Internets gibt es für dieses Problem mittlerweile eine recht einfache und kostengünstige Lösung: die anwaltliche oder notarielle Hinterlegung. Dafür laden Sie Ihr Manuskript auf der Internetseite des Anwalts / Notars hoch. Dieser hinterlegt das Werk für Sie und stellt Ihnen darüber eine Urkunde aus. Diese ist ein starkes Beweismittel, denn sie bezeichnet genau, wann Sie das Werk hochgeladen haben. Zur Erhöhung der Sicherheit erhält die hochgeladene Datei meist einen digitalen Fingerabdruck. Dadurch wird sie eindeutig identifizierbar.

Bei manchen Anbietern erhalten Sie neben der Urkunde auch einen »Hinterlegungsstempel«. Diesen dürfen Sie im Buch, auf Ihrer Autorenhomepage und beim Schriftverkehr mit Verlagen verwenden. Das hat Abschreckungsfunktion, wenn potenzielle Verletzer sehen, dass Ihr Werk »offiziell« hinterlegt ist.

Eine anwaltliche oder notarielle Hinterlegung stärkt Ihre Rechtsposition. Es ist dennoch sinnvoll, auch den Entstehungsprozess Ihres Buches zu dokumentieren. Das bedeutet nicht, dass Sie jede Notiz aufbewahren müssen. Zur Beweissicherung, und übrigens auch für die Steuern, ist es jedoch nützlich, Dokumente stets mit Datum zu versehen, sie strukturiert zu ordnen und an einem sicheren Ort aufzubewahren.

Vererbung und Ende des Urheberrechtes

In Büchern sterben die Helden nie. Die Realität ist leider anders – kälter. Irgendwann wird auch Ihr Name auf einer Sterbeurkunde stehen. An diesem Tage wird das gesamte Urheberrecht (Urheberpersönlichkeitsrechte und Verwertungsrechte) auf Ihre Erben übergehen.[11] Diesen Übergang können Sie durch ein Testament, Vermächtnis oder einen Erbvertrag gestalten. So können Sie bestimmen, wer wie mit Ihrem Werk verfahren darf, einen Testamentsvollstrecker einsetzen oder es in eine Stiftung einbringen. Regeln Sie nichts, werden Ihre Erben gemeinschaftlich von den wirtschaftlichen Vorteilen der Verwertungsrechte profitieren und die Urheberpersönlichkeitsrechte an Ihrer Stelle ausüben.

Das Urheberrecht erlischt grundsätzlich 70 Jahre nach dem Tode des Urhebers.[12] Wenn das Urheberrecht mehreren Miturhebern zusteht, endet das Urheberrecht erst 70 Jahre nach dem Tode des längstlebenden Miturhebers. Deshalb kann es gerade für ältere Autoren von Vorteil sein, mit jungen Kollegen zusammenzuarbeiten. Denn zur Freude der Erben kann so die Laufzeit des Urheberrechtes verlängert werden.

Damit Miturheberschaft entsteht, muss das Werk gemeinsam geschaffen werden. Es muss also eine Gesamtheit bilden, aus der einzelne Teile nicht herausgetrennt und gesondert verwertet werden können. Miturheberschaft liegt somit vor, wenn Sie mit einem Autorenkollegen den Text für das Buch Satz für Satz gemeinsam erarbeiten und im Ergebnis nicht mehr gesagt werden kann, wer was geschrieben hat.

Anders ist es hingegen, wenn Sie Ihr Buch mit lustigen Karikaturen aufheitern, die Ihr Sohn gezeichnet hat. Stehen die Karikaturen in keinem unmittelbaren Zusammenhang zum Buchtext und können diese genauso gut in anderen Büchern oder einer Tageszeitung genutzt werden, liegt keine Miturheberschaft vor.

TIPP: Schließen Sie einen Mitautorenvertrag. Darin können Sie klar regeln, wie die Einnahmen verteilt werden und wer welche Rechte hat. So vermeiden Sie Unstimmigkeiten und tun Ihren Erben einen Gefallen. Denn Ihre Nachkommen haben nicht das gleiche Verhältnis zum Mitautor wie Sie. Bei der nächsten Generation steht oft nur das Geld im Mittelpunkt.

Sollte Ihr Werk anonym oder pseudonym sein, gibt es Besonderheiten: Wenn Sie Ihr Buch veröffentlicht haben, erlischt das Urheberrecht 70 Jahre nach der Veröffentlichung. Wurde es nicht veröffentlicht, erlischt es bereits 70 Jahre nach der Schaffung.

Die Schutzdauer für anonyme und pseudonyme Werke ist also kürzer. Sie können aber dennoch in den Genuss der allgemeinen, langen Schutzdauer kommen. Hierfür müssen Sie oder Ihre Erben die Urheberschaft offenbaren, solange der Urheberschutz noch besteht. Der sicherste Weg hierfür ist die Eintragung im Register anonymer und pseudonymer Werke. Diese kostet zurzeit 12 Euro und erfolgt beim Deutschen Patent- und Markenamt.

Zusammenfassung Kapitel 1: Urheberrecht

- Das Urheberrecht entsteht allein dadurch, dass Sie Texte schreiben, die einen gewissen Grad an Individualität besitzen.
- Das Urheberrecht besteht aus Urheberpersönlichkeitsrechten und Verwertungsrechten.
- Urheberpersönlichkeitsrechte schützen die persönliche Beziehung zwischen Ihnen und Ihrem Werk.
- Verwertungsrechte sind der wirtschaftliche Bestandteil des Urheberrechtes. An ihnen können Nutzungsrechte gegen Entgelt vergeben werden. Die für Sie wichtigsten Verwertungsrechte sind: Vervielfältigungsrecht, Verbreitungsrecht, Vortragsrecht.
- Nutzungsrechte sind das Recht, die Verwertungsrechte des Autors auf eine bestimmte Art und Weise nutzen zu dürfen.
- Durch Lizenzverträge – beispielsweise einen Verlagsvertrag – vergeben Sie Nutzungsrechte an Ihren Verwertungsrechten.
- Gegen Urheberrechtsverletzungen können Sie sich mit zivil- und strafrechtlichen Mitteln wehren. Hierzu zählen: Abmahnung, Unterlassungsklage, Schadensersatz, Geldstrafe usw.
- Ein außergerichtlicher Vergleich ist eine gute Alternative zu einem Gerichtsverfahren.
- Das Urheberrecht schützt die konkrete Ausgestaltung Ihrer Buchidee, nicht die Idee selbst.
- Durch eine anwaltliche oder notarielle Hinterlegung können Sie Ihre Rechtsposition stärken.
- Das Urheberrecht endet 70 Jahre nach dem Tode des Urhebers. Bei Miturheberschaft, anonymen und pseudonymen Werken gelten Besonderheiten.

Links zum Thema

Urheberrechtsgesetz
www.gesetze-im-internet.de/urhg/UrhG.pdf

Bürgerliches Gesetzbuch (BGB)
www.gesetze-im-internet.de/bgb/BGB.pdf

Merkblatt des Deutschen Patent- und Markenamtes
www.dpma.de/amt/aufgaben/registeranonymerundpseudonymerwerke/index.html

Literaturhinweise

Praxiskommentar zum Urheberrecht; Wandtke/Bullinger; Verlag: C.H. Beck, München

Urheberrecht; Artur-Axel Wandtke; Verlag: De Gruyter, Berlin

Urheberrecht Kommentar; Schricker/Loewenheim; Verlag: C.H. Beck, München

Urheberrechtsgesetz (UrhG); Dreier/Schulze; Verlag C.H. Beck, München

Urheberrechtsgesetz: mit Urheberrechtswahrnehmungsgesetz; Schmid, Wirth, Seifert; Nomos Verlag Baden Baden

Münchner Anwalts Handbuch Urheber- und Medienrecht; Raue, Hegemann; Verlag: C.H. Beck, München

Kunstrecht Band 1–3; Peter M. Lynen; Herausgeberin: Andrea Hausmann, Springer Fachmedien, Wiesbaden

2.
Ziele – Zielgruppen und Ihr Buch

Ein Buch zu schreiben ist abenteuerlich. Es ist eine Reise an unbekannte Orte in fantastischen Welten. Sie erschaffen Figuren, die im Geiste Ihrer Leser so real sind, als wären es gute Freunde. Mit der Macht des Wortes schicken Sie Ihre Mitmenschen durch Feuer und Sturm, lassen sie mitfühlen, lieben, hassen und weinend im Bett liegen. Das ist Kunst! Und genießt daher zu Recht Schutz und Freiheit.

Künstler zu sein reicht aber leider nicht, um Geld zu verdienen. Dafür müssen Sie unternehmerisch handeln. Wenn Sie Ihr Buch selbst verlegen, haben Sie viele wirtschaftliche Entscheidungen zu treffen: zur Vermarktung, zum Buchpreis und mehr. Aber auch Verlagsautoren sind Unternehmer, obwohl sie nur einen Großkunden haben – den Verlag. Lassen Sie uns daher nun einmal unternehmerisch denken. Dabei ist unternehmerisch aber nicht mit Gewinnmaximierung gleichzusetzen, sondern bedeutet zielorientiertes Schreiben und Entscheiden.

Was Sie in diesem Kapitel erfahren

- Mögliche Ziele einer Buchveröffentlichung
- Wie Sie Zielgruppen ermitteln
- Was enhanced E-Books sind
- Wie Ihr fertiges Buch aussehen könnte

Die Ziele Ihrer Buchveröffentlichung

Es ist menschlich. Wenn wir etwas unternehmen, verfolgen wir damit Ziele. Bewusst oder unbewusst – wir wollen etwas erreichen. Warum schreiben Sie Ihr Buch?

Natürlich: Sie wollen reich und berühmt werden! Der Politik mal so richtig die Meinung sagen. Oder ganz bescheiden Ihre Lebenserfahrungen teilen, um anderen zu helfen? Es gibt viele Gründe, ein Buch zu schreiben:

Mögliche Ziele einer Buchveröffentlichung

Finanzielle Ziele	Persönliche Ziele
• Einnahmen aus Buchverkäufen erzielen • Förderung von anderen Einnahmequellen durch das Buch • Steuern und Sozialversicherungsbeiträge sparen • Haftungsrisiken mit negativen finanziellen Folgen vermeiden	• Gesellschaftliche Anerkennung erfahren • Den Lesern eine »Botschaft« übermitteln • Die wahre Identität verbergen (Pseudonym) • Die Kontrolle über das Werk behalten

Schaubild 4: *Ziele – Entscheidungshilfe und Erfolgskontrolle*

Das vierte Schaubild zeigt gängige Ziele, die von Autoren verfolgt werden. Sich Ziele schon vor dem Schreiben des Manuskriptes vor Augen zu führen, hat Vorteile: Sie wissen, was Sie wollen, und Entscheidungen werden Ihnen leichterfallen. Wenn Sie möglichst viel Geld mit Ihrem Buch verdienen möchten, dann schreiben Sie über populäre Themen und nutzen einen Schreibstil, der »massentauglich« ist. Wählen Sie Buchformate, die viel Gewinn abwerfen, und Vermarktungswege für das breite Publikum.

Stehen bei Ihnen hingegen persönliche Ziele im Vordergrund, können Sie die Kunstfreiheit voll auskosten. Schreiben Sie so, wie Sie wollen. Wenn dann kein Verlag anbeißt oder Lektoren Ihr Werk verunstalten wollen, nur damit es sich besser verkauft, veröffentlichen Sie es doch selbst! Ziele motivieren auch. Denn wer kein Ziel hat, kann auch keines erreichen. Und wenn die Kreativität mal ins Stocken gerät, hilft oft die Vorstellung, wie alles wäre, wenn das Buchprojekt erfolgreich verläuft. Selten sind Ziele ganz klar. Meistens sind es verschwommene Vorstellungen, die aus einer ganzen Reihe von Wünschen und Erwartungen bestehen. Je klarer Ihre Ziele jedoch sind, umso besser können Sie diese erreichen.

TIPP: Auf der nächsten Seite werden Sie die erste Checkliste entdecken. Diese zeigt, welche Ziele ich mit diesem Buch verfolge. In diesem Stil habe ich alle Checklisten ausgefüllt. So dienen sie als Beispiel und haben einen direkten Bezug zu dem Buch in Ihren Händen.

Im Anhang und auf meinen Internetseiten warten unausgefüllte Checklisten auf Sie. Unter **www.Recht-für-Autoren.de** können Sie eine Druckversion herunterladen. Dieser Service steht Ihnen mindestens drei Jahre nach dem Erscheinen dieses Buches zur Verfügung.

Die Checkliste »Ziele einer Buchveröffentlichung« soll Sie dabei unterstützen, Ihre eigenen Ziele besser kennenzulernen. Am besten füllen Sie die Checkliste jetzt aus. Lesen Sie dafür die folgenden Abschnitte und kreuzen Sie an, wie wichtig ein Ziel für Sie ist. Seien Sie aber realistisch! Denn zu hohe Erwartungen führen zwangsläufig zur Enttäuschung. Konkrete Verkaufszahlen festzulegen, bevor das Manuskript überhaupt geschrieben wurde, ist zu früh. Im Moment geht es darum, Ihrem Buchprojekt eine erkennbare Zielrichtung zu geben. Einzelheiten kommen später.

Ziele einer Buchveröffentlichung

Finanzielle Ziele

Möglichst hohe Einnahmen aus den Buchverkäufen erzielen.

niedrig — 1 — 2 — 3 ✗ — 4 — 5 — 6 — 7 — 8 — 9 — 10 — hoch

Selbstvermarktung oder Verkaufsförderung für Produkte und Dienstleistungen.

niedrig — 1 — 2 — 3 — 4 — 5 — 6 — 7 — 8 — 9 — 10 ✗ — hoch

Steuern und Sozialversicherungsbeiträge sparen.

niedrig — 1 — 2 ✗ — 3 — 4 — 5 — 6 — 7 — 8 — 9 — 10 — hoch

Finanzielle Haftungsrisiken vermeiden.

niedrig — 1 — 2 — 3 — 4 — 5 — 6 — 7 — 8 ✗ — 9 — 10 — hoch

Persönliche Ziele

Gesellschaftliche Anerkennung erfahren.

niedrig — 1 — 2 — 3 — 4 — 5 — 6 — 7 ✗ — 8 — 9 — 10 — hoch

Den Lesern eine »Botschaft« übermitteln.

niedrig — 1 — 2 — 3 — 4 — 5 — 6 — 7 — 8 — 9 ✗ — 10 — hoch

Die wahre Identität verbergen (Pseudonym).

niedrig — 1 ✗ — 2 — 3 — 4 — 5 — 6 — 7 — 8 — 9 — 10 — hoch

Die Kontrolle über das Werk behalten.

niedrig — 1 — 2 — 3 — 4 — 5 — 6 — 7 ✗ — 8 — 9 — 10 — hoch

Checkliste 1: *Mögliche Ziele einer Buchveröffentlichung am Beispiel dieses Buches*

Realistisch zu sein bedeutet auch, Zielkonflikte zu erkennen. Denn manche Ziele wirken naturgemäß gegeneinander. Ein hoher Verkaufspreis kann Ihnen stattliche Einnahmen bringen. Wenn Sie aber gleichzeitig möglichst vielen Lesern eine »Botschaft« vermitteln wollen, ist das ein Konflikt. Zumindest dann, wenn potenzielle Leser das Buch wegen des hohen Preises nicht kaufen können. Auch stehen brisante Themen, die Ihnen hohe Aufmerksamkeit bringen sollen, dem Wunsch nach geringen Haftungsrisiken entgegen.

Die finanziellen Ziele

Viele Autoren träumen davon, vom Schreiben leben zu können. Dank Selfpublishing und digitaler Medien gibt es heute viele Wege, mit Büchern Geld zu verdienen – oder sogar reich zu werden. Welche das sind, erfahren Sie im nächsten Kapitel.

Ihr Ziel könnte auch sein, andere Einkunftsquellen mithilfe des Buches zu fördern. Nicht nur berühmte Sportler, Politiker und Showmaster nutzen Bücher zur Selbstvermarktung. Auch für Ernährungsberater, Dozenten, Webdesigner, Ärzte, Rechtsanwälte und andere Selbstständige kann eine Autorentätigkeit interessant sein. Bei dieser Zielsetzung sind die Einnahmen aus den Buchverkäufen zweitrangig. Es geht darum, sich selbst, seine Dienstleistungen oder Produkte durch das Buch bekannt zu machen.

Wenn steuerliche Aspekte für Sie wichtig sind, sollten Sie sich darüber frühzeitig informieren. Unter entsprechenden Voraussetzungen besteht die Möglichkeit, Steuern zu sparen, indem Sie Aufwendungen für Recherche und Buchherstellung geltend machen. Einige steuerliche Aspekte finden Sie im Verlauf dieses Buches. Hier ins Detail zu gehen würde über das Ziel hinausschießen. Denn es kommt sehr auf Ihre individuelle steuerliche Situation an.

Ähnlich ist es mit Sozialversicherungsbeiträgen. Wenn Sie das Schreiben zum Beruf machen wollen, ist die Künstlersozialkasse (KSK) eine gute Möglichkeit, günstig sozialversichert zu sein. Sind Sie jedoch als Arbeitnehmer ohnehin sozialversicherungspflichtig, könnte Ihr Ziel sein, zusätzliche Beitragszahlungen zu vermeiden. Besonders wichtig ist dieses Thema, wenn Sie beitragsfrei über Ihren Partner versichert sind (Familienversicherung). Denn Ihr Anspruch auf die »kostenlose« Familienversicherung endet, sobald Sie nach dem Künstlersozialversicherungsgesetz versicherungspflichtig werden. Ihr Ziel könnte dann sein, die Versicherungspflicht zu vermeiden. Auch hierzu mehr im nächsten Kapitel.

Jede Buchveröffentlichung ist mit finanziellen Haftungsrisiken verbunden. Schadensersatzforderungen, Anwaltskosten und Bußgelder können ein Buchprojekt scheitern lassen. Wie hoch Ihre Risiken sind, hängt sehr davon ab, worüber Sie schreiben und welche Materialien Sie verwenden. Wenn Sie einen fiktiven Roman verfassen, wird Ihr Haftungsrisiko geringer sein als bei einem Enthüllungsbuch über die korrupten Geschäfte Ihres ehemaligen Arbeitgebers. Auch gilt: Je mehr fremdes Material (Fotos, Illustrationen, Marken, Gastbeiträge etc.) Sie verwenden, desto höher ist Ihr Risiko. Wie Sie rechtliche Fallstricke vermeiden, behandelt das fünfte Kapitel. Wie wichtig Ihnen dieser Aspekt ist, können Sie aber bereits jetzt in der Checkliste vermerken.

Die persönlichen Ziele

Das Gute an persönlichen Zielen ist: Sie können schnell erreicht werden. Wenn es Ihnen »nur« um die Freude am Schreiben geht, haben Sie Ihr Ziel schon erreicht, bevor das Buch überhaupt fertig ist. Vielleicht lernen Sie beim Recherchieren nette Leute kennen oder entdecken verborgene »Buchschätze«. Auch können Sie bereits Anerkennung erfahren, wenn im Kreise der Familie und Freunde positiv über Ihr Buch gesprochen wird. Allein das Gefühl, ein Buch veröffentlicht zu haben, kann einen viel größeren Wert haben als ein paar Euro mehr auf dem Konto.

Wenn Sie von Ihren Lesern Rückmeldungen bekommen möchten, geben Sie im Buch eine E-Mail-Adresse an. Nach einiger Zeit werden Sie dann sagen können, ob die »Botschaft« Ihres Buches ankommt. Denn Leser, die von Ihrem Werk wirklich bewegt werden, melden sich. So werden Bücher lebendig und Sie erhalten wertvolle Anregungen für sich persönlich und für Ihr nächstes Werk.

Ob Sie Ihr Buch mit Ihrem echten Namen oder unter einem Pseudonym veröffentlichen wollen, ist eine wichtige Frage. Durch die Veröffentlichung im eigenen Namen wird sich Ihre gesellschaftliche Stellung verändern. Freunde und Verwandte, Kollegen, Kunden und Vorgesetzte – alle werden Sie mit anderen Augen sehen – Sie loben, verachten oder beneiden. Durch einen Künstlernamen können Sie Ihr Autorendasein vom Privat- und Berufsleben trennen und Ihre Zielgruppe besser ansprechen. Welche Vor- und Nachteile ein Pseudonym haben kann und was Sie dabei rechtlich beachten sollten, erfahren Sie im sechsten Kapitel.

Die Interessen von Verlagen und Autoren gehen manchmal auseinander. Durch Zusammenschlüsse großer Verlagshäuser ist der Druck, Gewinne zu maximieren, gestiegen. Wenn wirtschaftliche und künstlerische Aspekte in Konflikt geraten, entscheiden sich Verlage zunehmend zugunsten des Geldes. Wie wichtig ist es Ihnen, die Kontrolle über Inhalt, Gestaltung und Vertriebswege Ihres Werkes behalten zu können? Schätzen Sie sich selbst ein und machen Sie nun Ihr letztes Kreuz auf der Checkliste »Ziele«.

Zielgruppen für Ihr Buch

Wer wird Ihr Buch lesen? Sicherlich haben Sie schon eine gewisse Vorstellung davon, welche Leser sich für Ihr Werk interessieren könnten. Je genauer Sie sich Ihre zukünftigen Leser vorstellen können, desto besser wird Ihr Buch. Denn wenn Wortwahl und Sprachstil, Schriftarten, Layout und Darstellungen Ihren Zielgruppen gefallen, werden Sie Erfolg haben. Das Gleiche gilt für die Vermarktung. Erst wenn Sie wissen, wem Sie Ihr Buch verkaufen wollen, können Sie die richtigen Werbemaßnahmen auswählen. Deshalb zeigt dieser Abschnitt, wie Sie Ihre Zielgruppen besser kennenlernen.

Bei Büchern kommt es oft vor, dass Leser und Käufer nicht identisch sind. Für Kinderbücher treffen – zumindest bis die Kleinen lautstark mitreden können – die Eltern die Kaufentscheidung. Auch bei typischen »Geschenkbüchern«, wie Muttertagsgedichten oder den Fußballbüchern für Papa, wird die Kaufentscheidung nicht vom Leser selbst getroffen. Dann haben Sie es mit unterschiedlichen Zielgruppen zu tun: Ihren Lesern, die Sie beim Schreiben im Hinterkopf haben sollten. Und den Käufern, an die sich das Marketing – hierzu mehr im siebten Kapitel – richtet.

Auf der nächsten Seite sehen Sie schon die zweite Checkliste. Diese zeigt, wie ich die Zielgruppen für dieses Buch einschätze. Finden Sie sich dort wieder? Wie bereits erwähnt, stehen Ihnen unausgefüllte Versionen im Anhang und unter **www.Recht-für-Autoren.de** zur Verfügung. Die Checklisten auszufüllen macht Ihre schriftstellerische Tätigkeit professioneller und wir werden im Verlauf des Buches wieder darauf zugreifen.

Versuchen Sie nun, sich vorzustellen, warum jemand Ihr Buch kaufen und lesen sollte. Was ist die Motivation dazu? Ist es die Erwartung, spannend unterhalten zu werden? Oder besteht ein konkretes Bedürfnis nach Information? Was möchte jemand,

Zielgruppen ermitteln

Beschreibung der Zielgruppen

Allgemeine Beschreibung möglicher Zielgruppen – »Ober-Zielgruppe«

Personen, die ihr eigenes Buch veröffentlichen wollen.

Konkretisierung möglicher Zielgruppen – »Unter-Zielgruppen«

Personen, die im Selbstverlag veröffentlichen wollen.
Personen, die über einen Buchverlag veröffentlichen wollen.
Personen, die eine Buchidee haben.
Personen, die ihr Manuskript bereits fertig haben.
Personen, deren Manuskript von Verlagen abgelehnt wurde.

Allgemeine Annahmen zu den Zielgruppen

Geschlecht: 40 % männlich 60 % weiblich
Alter: von 25 bis 80 Jahren

Bildungsstand

Hauptschulabschluss: 10 %
Realschulabschluss: 10 %
Fachabitur: 20 %
Abitur: 60 %
Andere: 0%

Berufsausbildung: 5%
Meisterprüfung: 10 %
Fachhochschule: 35 %
Universität: 45 %
Andere: 5%

Einkommensschicht

Obere: 0 %
Gehobene: 20 %
Mittelschicht: 60 %
Untere: 20 %

Nutzung von E-Books und Internet

Haben einen E-Book-Reader: 15 %
Haben einen Internetzugang: 95 %
Bereitschaft, E-Books zu nutzen: 80 %
Kaufen Bücher auch online: 80 %

Mögliche Berufe / Tätigkeiten der Zielgruppen

Berufsautoren; Mütter und Väter in Elternzeit, die ihr Wissen nutzen wollen; Rentner, die ihre Lebenserfahrungen teilen wollen; Studenten, die ihren Berufseinstieg vorbereiten wollen; Lehrer; Selbstständige, die sich vermarkten wollen; Abenteurer; am Autorenrecht interessierte Studenten und Juristen; Hobbyautoren.

***Checkliste 2 (Teil 1):** Ermittlung von Zielgruppen am Beispiel dieses Buches*

Fortsetzung: Zielgruppen ermitteln

Lebenseinstellungen und Gesellschaftsschichten

Traditionsbewusst / konservativ (stammes-, ordnungs- und sicherheitsbewusst)	0 %
Bürgerliche Mitte (leistungs- und anpassungsbereiter Mainstream)	10 %
Freidenker / Selbstverwirklicher (aufgeklärte Bildungselite mit liberaler Grundhaltung)	40 %
Revolutionär / Abenteurer (individualistisch, kreativ und mental mobil)	40 %
Andere (weitere Lebenseinstellungen und Gesellschaftsschichten)	10 %

Konkrete Annahmen zu den Zielgruppen

Aspekte, die beim Schreiben und der Vermarktung beachtet werden sollten

Lesen selber viel und gerne; sind nicht juristisch ausgebildet; haben ein gesundes Rechtsempfinden, jedoch keine konkreten Vorstellungen über juristische Fallen einer Buchveröffentlichung; sind bereit und in der Lage, sich selbst Wissen anzueignen.

Checkliste 2 (Teil 2): *Ermittlung von Zielgruppen am Beispiel dieses Buches*

der ein Diät-Buch kauft? Einen Reiseführer, Politthriller oder Fantasy-Roman? Was fühlen Menschen, die sich für Ihr Buch interessieren, und welchen Gefühlszustand möchten sie beim Lesen erfahren?

Versuchen Sie, sich in die Situation potenzieller Leser zu versetzen. Schlendern Sie durch eine Buchhandlung und stellen Sie sich dabei vor, welche Erwartungen Ihre Leser haben, wenn sie Ihr Buch im Regal sehen. Welche Bedürfnisse befriedigt Ihr Buch und welche nicht? Durch diese Überlegungen lernen Sie Ihre Zielgruppen kennen und können die zweite Checkliste ausfüllen.

Eine Vorstellung vom fertigen Buch

Nun kennen Sie Ihre eigenen Ziele und wissen, an wen sich Ihr Buch richtet. Damit sind Sie schon zwei große Schritte weiter. Etwas fehlt aber noch: eine gewisse Vorstellung davon, wie Ihr fertiges Buch aussehen soll. Werden Sie Schaubilder, Illustrationen oder Fotos verwenden? Soll in Farbe gedruckt werden und verwenden Sie Sonderzeichen? Wie soll es erscheinen? Als E-Book, Paperback, Hardcover oder als multimedial gestaltetes enhanced E-Book?

Eine Kurzreise in die Zukunft – enhanced E-Books

Natürlich war die Bahn zu spät. Wegen Laub auf den Gleisen, hieß es in der kaum vernehmbaren Durchsage. Wie peinlich, dachten Sie – wollten sich dadurch aber nicht den Tag verderben lassen. Schließlich hatten Sie frei und wollten schon immer mal nach Berlin. Noch war es dunkel und die Luft im Abteil hätte einen Austausch gebrauchen können. Skeptisch blicken Sie auf Ihr Geburtstagsgeschenk. Einen E-Book-Reader. Das Neuste vom Neuen und nach dem ersten Start ertönt ein lautes Geburtstagsständchen durch den Zug. Auch peinlich. Dennoch sind Sie beeindruckt und fragen sich, wie es Ihre Kinder geschafft haben, ein Video von sich in das verpackte Gerät zu bekommen. Sie klicken sich ein bisschen durchs Menü, schalten vorsorglich den Ton aus und finden einen vorinstallierten Krimi. Warum nicht? Schließlich sind es noch drei Stunden bis zur Hauptstadt.

Bereits die ersten Zeilen packen Sie. Denn auch im Buch ist es ein verregneter Herbsttag und der Mörder steigt gerade in einen verspäteten ICE nach Berlin. Unbewusst drehen Sie sich um, und irgendwie wirken die Mitreisenden schon anders – dunkler.

Enhanced E-Books können Videos, Sprachmitteilungen oder animierte Bilder enthalten. Ähnlich wie beim »Bonus-Material« einer DVD können Autoren heute ihr E-Book mit einer gesprochenen Botschaft einleiten, ein Video zur Entstehung des Buches beifügen oder die Wirkung des Textes durch Geräusche verstärken. So werden Bücher zu multimedialen Werken, die über eine mobile Internetverbindung auch aktuelle Informationen nutzen können.

Es ist daher kein Zufall, dass in unserem Beispiel der Krimi genau dort spielt, wo die Leserin sich gerade befindet. Das Gerät hat über Ortsdaten und Bewegungsmuster festgestellt, dass die Leserin genau in diesem ICE nach Berlin ist. Durch Zugriff auf die Fahrplanauskunft weiß es von der Verspätung. Und Wetterdaten sind sowie überall im Internet vorhanden. Mithilfe von Textvariablen können die Daten direkt eingebaut werden und es entsteht ein individualisiertes Buch. Spannend oder beängstigend? Wie auch immer – ein Krimi, in dem der Mörder genau weiß, wo sich der Leser befindet, ist etwas Besonderes.

Die Zeit verging wie im Fluge. Der Krimi hatte Sie gepackt und Sie fragten sich, ob der Mörder nun auch in Berlin aussteigen würde. Mit dem »E-Book« in der Hand betreten Sie den Hauptbahnhof und werden sofort von Ihrem Magen darauf aufmerksam gemacht, dass noch ein Frühstück aussteht. Zum Glück erinnern Sie sich, dass auch ein Reiseführer auf Ihrem Reader ist. Klasse! Das Gerät weiß sofort, wo Sie sind, und nach ein paar Klicks werden Ihnen gut recherchierte Berichte über Cafés der Umgebung präsentiert. Alles mit farbenfrohen Bildern untermalt und das Beste: eine aktuelle Speisekarte und die Öffnungszeiten.

Noch sind enhanced E-Books selten und beschränken sich auf Videos, Sprachmitteilungen und musikalische Untermalungen. Das Potenzial ist aber groß. Ein Reiseführer, der zuverlässig darüber informiert, welche Veranstaltungen heute am Urlaubsort stattfinden, hat Vorteile. Auch für Lehrbücher ergeben sich neue Möglichkeiten. Animierte Grafiken können viele Zusammenhänge besser darstellen und Lehrer haben die Möglichkeit, bestimmte Stellen im Buch zu kommentieren. Besonders interessant sind enhanced E-Books für Kinderbuchautoren. Denn Figuren können animiert werden und erhöhen so den Lesespaß der Kleinen. Auch ist es möglich, Lernprogramme, Tiergeräusche, virtuelle Reisen und andere fantastische Dinge, die Kinderherzen erfreuen, einzubauen. Hier entsteht ein neuer Markt mit vielen Chancen. Vielleicht wäre das ja etwas für Sie.

TIPP: Um enhanced E-Books zu kreieren, brauchen Sie Kenntnisse über die Erstellung digitaler Medien. Oder Sie beauftragen einen Mediengestalter damit. Dafür sollten Sie einen schriftlichen Vertrag schließen. Bezeichnen Sie die Leistungen möglichst konkret und berücksichtigen Sie beim Preis, dass Sie eventuell zusätzlich eine Abgabe an die Künstlersozialversicherung leisten müssen.[13]

Durch die kreative Leistung des Mediengestalters können Urheberrechte zu dessen Gunsten entstehen. Wie Sie aus dem ersten Kapitel wissen, geschieht dies »automatisch« und kann vertraglich nicht ausgeschlossen werden. Achten Sie daher unbedingt darauf, dass Ihnen der Mediengestalter alle Rechte einräumt, die Sie für die Veröffentlichung des enhanced E-Books brauchen.

Nun aber zurück in die Gegenwart. Mithilfe der dritten Checkliste können Sie einige Eckdaten für Ihr Buch festlegen. Diese sind natürlich nicht in Stein gemeißelt. Denn Ihr Buchprojekt ist ja noch jung. Sie können sich aber unnötige Arbeit ersparen, wenn Sie bereits vor dem Schreiben eine gewisse Vorstellung vom fertigen Buch entwickeln.

Eckdaten für Ihr Buch

Buchformate

Gedruckte Bücher

- Hardcover: ☒
- Paperback: ☒
- Taschenbuch: ☐
- Broschur: ☐
- Ringbuch: ☐
- Miniaturbuch: ☐
- Loseblattsammlung: ☐
- Andere: ☐

Elektronische Bücher

- E-Book: ☐
- Hörbuch: ☐
- CD / DVD: ☐
- Enhanced E-Book: ☐
- Andere: ☐

Maße für gedruckte Bücher:

148 mm x 210 mm

Buchgestaltung

Aufbau des Buches

- Widmung / Motto: ☐
- Inhaltsverzeichnis: ☒
- Vorwort: ☐
- Anhang: ☒
- Literaturverzeichnis: ☐
- Quellenverzeichnis: ☐
- Stichwortverzeichnis: ☒
- Andere: ☐

Gestaltungselemente

- Schaubilder: ☒
- Fotos und Bilder: ☐
- Tabellen: ☐
- Diagramme: ☐
- Illustrationen: ☐
- Textkästen: ☒
- Checklisten: ☒
- Andere: ☒

Farbe Innenteil: ☒ schwarz-weiß ☐ zweifarbig ☐ mehrfarbig

Anmerkungen: ☐ Fußnoten ☐ am Kapitelende ☒ am Buchende

Anführungszeichen: ☒ » … « ☐ « … » ☐ „ … “ ☐ “ … “

Merkposten (Sonderzeichen im Text, in Folgeauflagen zu aktualisieren usw.)

Sonderzeichen in Schaubildern prüfen; Bemessungsgrenzen für Steuern, Sozialversicherung und andere zu aktualisierende Daten notieren; Abschnitt »enhanced E-Books« vor Neuauflage auf Weiterentwicklung prüfen.

***Checkliste 3:** Überlegungen zu Buchformat und Gestaltung–am Beispiel dieses Buches*

Haben Sie beim Ausfüllen Ihre Zielgruppen im Hinterkopf gehabt? Welche Buchformate bevorzugen Ihre Leser und welche Gestaltungselemente passen dazu? Mit einer halbwegs konkreten Vorstellung vom Buch lässt es sich besser schreiben. Sie werden merken, wo Textkästchen Sinn machen oder eine Karikatur Ihr Werk erheitern kann. Verwenden Sie beim Schreiben nicht zu viele Gedanken an Details der Formatierung. Das kommt später. Auf ein paar Dinge sollten Sie jedoch schon jetzt achten:

Anführungszeichen
Entscheiden Sie sich für eine Art von Anführungszeichen und verwenden Sie diese konsequent im ganzen Buch. Dann können Sie sich später noch anders entscheiden und diese mit der Funktion »ersetzen« ändern. Haben Sie beim Schreiben mal «…» und mal „…“ verwendet, herrscht schnell Chaos und Sie müssen Ihr ganzes Buch noch mal durchgehen.

Sonderzeichen
Ähnliches kann mit Sonderzeichen passieren. Denn manche Schriftarten stellen diese nicht oder anders dar. Vermerken Sie sich daher bereits beim Schreiben, wo Sonderzeichen sind. Das erspart später mühseliges Suchen.

Anmerkungen und Merkposten
Entscheiden Sie auch, wo Anmerkungen stehen sollen. Als Fußnoten, am Ende eines Kapitels oder im Anhang? So können diese bereits beim Schreiben an die richtige Stelle platziert werden. Das schafft Ordnung und Sie behalten den Überblick. Schließlich erleichtern auch »Merkposten« die Arbeit. Notieren Sie sich beim Schreiben, welche Informationen Sie vor der Veröffentlichung nochmals auf Aktualität / Wahrheitsgehalt überprüfen wollen. Vermerken Sie auch Themen, die in der Entwicklung sind und für eine Neuauflage angepasst werden sollten.

Zusammenfassung Kapitel 2: Ziele – Zielgruppen und Ihr Buch

- Wenn Sie wissen, welche Ziele Sie mit Ihrer Buchveröffentlichung verfolgen, können Sie die Weichen für den Erfolg richtig stellen.
- Wenn Sie die Zielgruppen für Ihr Buch kennen, können Sie Ihre Texte, die Buchgestaltung und das Marketing besser nach den Wünschen Ihrer Leser gestalten.
- Orientieren Sie Ihren Schreibstil, Wortwahl, Buchformate und Gestaltungen konsequent an Ihren Zielgruppen.
- Bedenken Sie, dass bei typischen »Geschenkbüchern« Käufer und Leser unterschiedliche Interessen verfolgen.
- In enhanced E-Books können Videos, Audiodateien und variable Textelemente eingebaut werden. Dies bietet Autoren Gestaltungsraum und Marktchancen.
- Wenn Sie sich frühzeitig über Gestaltungselemente Ihres Buches im Klaren sind, geht das Schreiben leichter von der Hand und Sie vermeiden unnötige Arbeit.
- Achten Sie im Vorfeld auf Anführungszeichen, Fußnoten und Sonderzeichen. Dann brauchen Sie später weniger Zeit für die Überarbeitung.
- Bilden Sie beim Schreiben »Merkposten« für Daten, die vor der Veröffentlichung nochmals überprüft oder aktualisiert werden sollen.

Links zum Thema

Die Checklisten zum Ausdrucken
www.Recht-für-Autoren.de

Künstlersozialkasse (KSK)
www.kuenstlersozialkasse.de

Künstersozialversicherungsgesetz (KSVG)
www.gesetze-im-internet.de/ksvg/KSVG.pdf

Gesellschaft für Konsumforschung
www.gfk.com/de

Börsenverein des Deutschen Buchhandels e.V.
www.boersenverein.de

Literaturhinweise

Zielgruppen; Wie sie leben, was sie kaufen, woran sie glauben; Jochen Kalka, Florian Allgayer; Verlag: mi-Wirtschaftsbuch, Landsberg am Lech

Zielgruppen im Konsumentenmarketing; Segmentierungsansätze, Trends, Umsetzung; Marion Halfmann; Verlag: Springer Gabler, Wiesbaden

Bücher machen; Ein Handbuch für Lektoren und Redakteure; Michael Schickerling, Birgit Menche; Bramann Verlag, Frankfurt am Main

Enhanced e-Books, Veränderungen und Chancen für Akteure der Buchbranche, Moritz Wasserek, Verlag: epubli, Berlin

3. Die Weichen richtig stellen

Jetzt wird es ernst! In diesem Kapitel geht um wichtige Entscheidungen für Ihr Buchprojekt: Buch- oder Selbstverlag? Hobby, Nebenjob oder Beruf? Müssen Sie Ihre Autorentätigkeit dem Finanzamt melden? Einen Gewerbeschein holen? Werden Sie sich bei der Künstlersozialkasse anmelden?

Im vorangegangenen Kapitel haben Sie wertvolle Grundlagen geschaffen. Denn Sie wissen, welche Ziele Sie mit Ihrem Buch erreichen wollen, kennen Ihre Zielgruppen und haben eine Vorstellung vom fertigen Buch. Darauf können Sie nun zurückgreifen. Denn in diesem Kapitel geht es darum, die Weichen richtig zu stellen und gute Rahmenbedingungen für Ihre Autorentätigkeit zu schaffen.

Was Sie in diesem Kapitel erfahren

- Welche Veröffentlichungswege es gibt
- Die Vor- und Nachteile von Buch- und Selbstverlag
- Was es bei Steuern zu beachten gibt
- Was es bei der Künstlersozialversicherung zu beachten gibt

Buch- oder Selbstverlag

Möchten Sie Ihr Buch selbst verlegen oder es von einem Buchverlag veröffentlichen lassen? Beide Wege bieten unterschiedliche Möglichkeiten, auf Erfolgskurs zu gehen. Vergleichen Sie in Ruhe, denn es ist eine richtungsweisende Entscheidung für Ihr Buchprojekt. Wenn Sie die Vor- und Nachteile der Veröffentlichungswege kennen, können Sie diese mit Ihren Zielen abgleichen. So werden Sie erkennen, welcher Weg am besten zu Ihnen und Ihrem Buch passt.

Möglichkeiten einer Buchveröffentlichung	
Buchverlag	**Selbstverlag**
• Direkt als Verlagsautor • Über eine Agentur • [Über einen Zuschussverlag]	• Über Internetplattformen • Über Distributoren • Mit eigenem »Book-Shop«

Schaubild 5: *Veröffentlichungswege beim Buch- und Selbstverlag*

Über einen Buchverlag veröffentlichen

Buchverlage überarbeiten Ihr Manuskript, machen daraus ein Buch, vermarkten und verkaufen es. Damit geht der Verlag in Vorleistung und übernimmt Risiken. Als Gegenleistung dafür lässt er sich Nutzungsrechte an Ihrem Werk einräumen – meistens exklusiv und sehr umfangreich. Von den Verkaufserlösen des Buches erhalten Sie einen Anteil – das Autorenhonorar. Mit dem Rest deckt der Verlag seine Kosten und macht eventuell Gewinn. So das Geschäftsmodell von Buchverlagen.

Vor- und Nachteile beim Buchverlag

Buchverlage bieten Ihnen also ein »All-inclusive-Paket«. Sie können sich voll und ganz auf Ihre schriftstellerische Tätigkeit konzentrieren, werden vom Verlagslektorat unterstützt und brauchen nicht in Vermarktung zu investieren. Sie sparen also Zeit und Geld: Zeit, weil Sie sich nicht in Themen wie Buchgestaltung, Cover-Design und Marketing einarbeiten müssen. Geld, weil Sie sich nicht um ISBN und die Abgabe von Pflichtexemplaren kümmern müssen. Und nochmals Geld, weil Sie für Buchherstellung, Werbung und Öffentlichkeitsarbeit nicht bezahlen müssen.

Etablierte Verlage haben gute Marktkenntnisse. Sie wissen, wo ihre Leser anzutreffen sind und welche Marketingmaßnahmen greifen. Auch halten sie Qualitätsstandards hinsichtlich des Inhaltes und der Buchherstellung ein. Damit erhält Ihr Buch einen gewissen Vertrauensvorschuss beim Leser. Denn das Verlagslogo und die Aufmachung des Buches haben einen Wiedererkennungseffekt. Und in manchen Buchhandlungen sind die Bücher des Verlages immer an derselben Stelle zu finden. Auf diese Weise wird das Image des Verlages auf Ihr Buch übertragen und davon profitieren Sie.

Wie Sie anhand des sechsten Schaubildes (Seite 58) erahnen können, nimmt Ihnen der Buchverlag viel Arbeit ab. Dadurch verlieren Sie aber weitgehend die Kontrolle über Ihr Werk. Der Verlag kann nämlich großen Einfluss auf Inhalt und Gestaltung Ihres Buches nehmen. Auch bestimmt er über das Marketing. Sie können daher wenig tun, wenn Ihnen die Werbung nicht gefällt oder Sie der Meinung sind, es müsste mehr davon geben. Auch wenn Ihnen das Cover, der Verkaufspreis oder die Tatsache, dass es nun einen Teil Ihres Werkes als Heftroman an der Tankstelle gibt, nicht gefällt, haben Sie schlechte Karten. Denn wenn Entsprechendes im Verlagsvertrag geregelt ist, gilt es meistens.

Der »All-inclusive-Service« eines Buchverlages hat auch seinen Preis. Denn der Anteil, den Sie als Autor bekommen, ist gering. Üblich sind 5 bis 12 Prozent des Nettoverkaufspreises bei gedruckten Büchern und 20 bis 25 Prozent bei E-Books.

Wenn Ihr Buch also für 12 Euro im Laden steht, bekommt der Staat 0,79 Euro (7 % Mehrwertsteuer) davon. Bei einem Autorenhonorar von 10 Prozent erhalten Sie 1,12 Euro pro verkauftem Exemplar (10 % von 11,21 Euro Nettoverkaufspreis). Die restlichen 10,09 Euro bekommt der Verlag und bezahlt davon Buchhändler, Drucker, die Miete, seine Angestellten und alles, was sonst noch Geld kostet.

Zuschussverlage - Achtung Falle!

Die ursprüngliche Idee von Zuschussverlagen ist nachvollziehbar: Wer einen Doktortitel führen möchte, muss seine Doktorarbeit veröffentlichen. So steht es im Gesetz. Da Doktorarbeiten jedoch nur für ein ganz bestimmtes Fachpublikum interessant sind, lohnen sich solche Bücher für Verlage nur, wenn der Autor einen Teil der Kosten zuschießt. Man spricht daher von »unechten« Verlagen, denn das finanzielle Risiko wird teilweise auf den Autor abgewälzt.

Leider ist aus der ursprünglichen Idee eine Falle für Autoren geworden! Denn es gibt Unternehmen, die von Autoren mehr als 10.000 Euro für die Veröffentlichung eines Buches verlangen. Die Gegenleistungen dafür sind oft fragwürdig. Solche Unternehmen bezeichnen sich selbst als Dienstleistungs-, Sponsoring- oder Privatverlage.

Im Internet werben sie damit, jedes Buch zu veröffentlichen, oder mit dem Text: »Autoren gesucht«. Haben Sie bereits viel Zeit in Ihr Buch investiert und bisher nur Absagen von »echten« Verlagen erhalten? Dann gehören Sie zur Zielgruppe der Zuschussverlage. Diese schicken Autoren den langersehnten »Verlagsvertrag«, geben Veröffentlichungszusagen ab und locken mit Messeauftritten. Bei solchen Verträgen ist höchste Vorsicht geboten! Sie könnten es mit einem unseriösen Unternehmen zu tun haben und viel Geld für wenig Leistung bezahlen.

Vor- und Nachteile bei der Literaturagentur

Agenturen sind das Bindeglied zwischen Autoren und Verlagen. Die meisten haben sich auf bestimmte Genres spezialisiert und wissen daher genau, welche Verlage für Ihr Buch infrage kommen. Das ist ein Vorteil für beide Seiten. Verlage sparen Zeit, denn sie bekommen Manuskripte, die mit hoher Wahrscheinlichkeit in ihr Programm passen. Für Sie als Autor bedeutet das einen Vertrauensvorschuss und die Wahrscheinlichkeit, dass Ihr Werk verlegt wird, steigt.

Neben der qualifizierten Verlagssuche verhandeln Literaturagenten auch die Konditionen des Verlagsvertrages und beraten hinsichtlich der marktgerechten Gestaltung von Büchern. Dadurch steigen die Erfolgsaussichten und Ihr Autorenhonorar könnte höher ausfallen als bei einem direkten Kontakt mit dem Buchverlag. Diese Arbeit ist natürlich nicht umsonst. Üblich sind Provisionen zwischen 10 und 20 Prozent des Autorenhonorars. Da eine Literaturagentur »nur« vermittelt, veröffentlichen Sie im Endeffekt auch über einen Buchverlag mit den dazu beschriebenen Vor- und Nachteilen.

Als Selbstverlag veröffentlichen

Das Schaubild auf der nächsten Seite gibt einen Eindruck davon, welche Aufgaben bei einer Buchveröffentlichung zu erledigen sind. Das sieht nach viel aus. Und Sie ahnen es schon: Als Selbstverleger müssen Sie diese Aufgaben erledigen. Das soll Sie aber nicht abschrecken. Denn Sie müssen ja nicht alles selber machen. Für fast alle Aufgaben gibt es mittlerweile Dienstleister, die Selfpublishern Arbeit abnehmen. Dennoch ist es wichtig, dass Sie sich überlegen, welche der Aufgaben Sie selber übernehmen können und wie der Rest erledigt werden soll. Haben Sie die notwendigen Kenntnisse, Ausstattung und Zeit, um die Aufgabe selbst zu erledigen?

Aufgaben bei einer Buchveröffentlichung

Manuskript überarbeiten

- Sachliche und inhaltliche Überprüfung
- Rechtschreibung, Zeichensetzung, Grammatik prüfen
- Gestaltungselemente, Verweise und Nummerierungen prüfen
- Passen Inhalt, Stil, Gestaltung und Umfang zur Zielgruppe?
- Entscheidung für Titel, eventuell Titelschutzanzeige schalten
- Rechtliche Prüfung des Inhaltes, Titels etc.

Buchgestaltung

- Seitengrößen, Umbrüche, Kopf- und Fußzeilen festlegen
- Print- und Digitalformate festlegen
- ISBN und Barcode besorgen
- Gestaltungsdetails festlegen (Farben, Papier, Einband etc.)
- Cover und Klappentext erstellen
- Impressum, Widmung, Danksagung etc. erstellen
- Buchherstellung (Drucken, Binden etc.)
- Pflichtexemplare versenden
- Meldung an Buchverzeichnisse

Finanzierung und Vermarktung

- Buchpreis festlegen
- Berechnung der Wirtschaftlichkeit des Buchprojektes
- Finanzmittel planen und beschaffen
- Pressemitteilungen, Werbung, Public Relations planen und durchführen
- Aufnahme in Kataloge und Internetauftritte veranlassen
- Bücher an Händler und Kunden ausliefern
- Nebenrechte verwerten
- Neuauflagen planen

Schaubild 6: *Beispiele für Aufgaben, die Buchverlage übernehmen*

Buchverlage übernehmen fast alle der im sechsten Schaubild dargestellten Aufgaben. Sie sind ein »All-inclusive-Dienstleister«, den Sie entweder so beauftragen, wie er ist, oder eben nicht. Als Selbstverleger haben Sie hingegen große Entscheidungsspielräume. Sie können Ihr Werk nach Belieben gestalten, das Cover entwerfen und den Preis bestimmen. Sie können Lektoren beauftragen, die zu Ihnen passen, und Ihren Klappentext von einer Werbeagentur schreiben lassen. Das ist pure Freiheit. Schwieriger ist es hingegen, das fertige Buch zum Leser zu bekommen. Dieses Problem lösen Internetplattformen und Distributoren.

Internetplattformen – über Amazon & Co. veröffentlichen

Mit dem Kindle Direct Publishing gehört Amazon zu den bekanntesten und größten Internetplattformen für Selbstverleger. Nach der Registrierung können Sie dort Ihre fertige Buchdatei und das Cover hochladen. Den Titel eingeben, Ihr Buch beschreiben und Veröffentlichungskategorien auswählen. Amazon konvertiert dann Ihren Text und stellt das fertige Buch im Online-Shop zum Verkauf bereit.

Ähnlich läuft es bei anderen Internetplattformen für Selfpublishing. Manche davon vertreiben nur E-Books. Bei anderen können die Bücher auch gedruckt werden. Üblich ist dabei die Anwendung des Print-on-Demand-Verfahrens. Das bedeutet, erst wenn eine Bestellung für Ihr Buch eingeht, wird es gedruckt. Dadurch verringert die Plattform Lagerkosten und kann nicht auf unverkauften Exemplaren sitzen bleiben. Inhaltsprüfung, Buchgestaltung und Vermarktung sind bei diesem Veröffentlichungsweg Ihre Sache. Die Internetplattform stellt das Buch her und liefert es den Kunden.

Der Vertrag mit Amazon (Kindle Direct Publishing)

Die Vertragsbedingungen von Kindle Direct Publishing (KDP) umfassen zurzeit ca. 20 DIN-A4-Seiten (bei Schriftgröße 11),

verweisen auf zahlreiche Anlagen und beziehen weitere zwölf Seiten Nutzungsbedingungen ein.
Bei diesem Umfang ist es nicht verwunderlich, dass etwas ganz Wichtiges schnell überlesen wird: Der Vertrag wird nach dem Recht des US-Staates Washington geschlossen!
Kennen Sie das Rechtssystem von Washington? Nein? Ich auch nicht. Außerdem dürfen deutsche Rechtsanwälte nicht ohne Weiteres bezüglich ausländischen Recht beraten. Der Vertrag mit Amazon ist daher ein rechtlicher Blindflug und wenn es vor Gericht geht, heißt es: auf nach Washington.

Distributoren

Auch bei einer Veröffentlichung mit einem Distributor laden Sie Ihre Buchdaten auf den Internetseiten des Anbieters hoch. Dabei haben Sie aber mehr Gestaltungsmöglichkeiten als bei Internetplattformen. Es stehen mehr Buchformate zur Auswahl und Sie können Leistungen für Cover-Design, Korrektur, Buchgestaltung oder Lektorat aus einer Hand bestellen. Wie der Name schon vermuten lässt, »verteilen« Distributoren Ihr Buch. Das bedeutet, sie stellen es bei zahlreichen Online-Shops ein und sorgen dafür, dass es über den Buchhandel bestellt werden kann. Dadurch steigen die Chancen, dass Ihr Buch gekauft wird.

Beispiele für Distributoren	
• www.bod.de • www.book-on-demand.de • www.bookrix.de • www.bookwire.de • www.epubli.de • www.feiyr.com	• www.neobooks.com • www.satzweiss.com • www.tredition.de • www.twentysix.de • www.xinxii.com • www.zeilenwert.de

Schaubild 7: *Liste einiger Distributoren für selbst verlegte Bücher*

Die Leistungen und Preise bei Distributoren unterscheiden sich beachtlich. Bei manchen finden Sie Pauschalangebote für Vermarktung, ISBN und den Versand von Pflichtexemplaren. Andere setzen auf »kostenlose« Veröffentlichungen und behalten dafür einen höheren Teil der Verkaufserlöse ein. Interessant ist auch die Möglichkeit, Probeexemplare drucken zu lassen. So können Sie Ihrem Werk noch Feinschliff geben.

Mithilfe der folgenden Kriterien können Sie Distributoren vergleichen. Die dafür notwendigen Informationen holen Sie sich am besten direkt aus den Vertragsbedingungen und verlassen sich nicht auf Werbeaussagen. Auf den Internetseiten der Anbieter finden Sie den Vertrag meistens unter den Stichworten »Allgemeine Geschäftsbedingungen (AGB)«, Nutzungsbedingungen, Buch- oder Autorenvertrag.

- Größe und Qualität des Vertriebsnetzwerkes (Online-Shops, Barsortimente, Großhändler).
- Höhe des Autorenhonorars – beachten Sie, worauf sich der angegebene Prozentsatz bezieht.
- Wann wird das Autorenhonorar ausbezahlt?
- Preise der Leistungen.
- Gibt es »versteckte« Kosten?
- Nutzungsrechte, die vom Autor verlangt werden.
- Müssen die Rechte exklusiv eingeräumt werden?
- Buchformate, die vertrieben werden können (E-Book, Paperback, Hardcover).
- Auf welchen Lesegeräten können die E-Books genutzt werden?
- Welche Zusatzleistungen können hinzugebucht werden (Cover-Design, Lektorat, Probeexemplar, Werbung)?
- Preise für Eigenexemplare.
- Ist ein Probedruck vor der Veröffentlichung möglich?
- Unterstützung bei Problemen (kostenlose Hotline).
- Mindestlaufzeiten und Kündigungsfristen.

Eigener »Book-Shop«

Wenn Sie auch von Internetplattformen und Distributoren unabhängig sein wollen, können Sie Ihren eigenen »Book-Shop« betreiben. Also eine Druckerei beauftragen, sich ein Bündel Bücher in die Garage stellen und diese dann verkaufen. Dieser Weg ist mit hohen Risiken verbunden: Sie müssen für den Druck in Vorleistung gehen, ohne ein bestehendes Vertriebsnetz zu haben. Ihren ersten Fantasy-Roman so unter die Leute zu bringen, dürfte schwierig werden. Für Bücher mit lokalem oder persönlichem Bezug könnte der »Book-Shop« jedoch zum Erfolg führen.

Beispiel: Sie haben einen Bildband über das hundertjährige Bestehen Ihres Schützenvereins erarbeitet und schon 200 Vorbestellungen Ihrer Vereinskollegen in der Tasche. Oder Sie helfen schon lange ehrenamtlich im Weltladen Ihrer Gemeinde. Dort dürfen Sie Ihr Buch verkaufen: einen Reisebericht von Zentralafrika, der Bilder von schrecklicher Armut in Kontrast zum Konsumwahnsinn moderner Großstädte zeigt.

Viele Worte kurz gesagt

Was ist eigentlich der Unterschied zwischen Selbstverlag, Selfpublishing, Indie- und Eigenverlag? Kurz gesagt: keiner. Zumindest nicht in rechtlicher Hinsicht. Denn unabhängig von der Bezeichnung verlegen Sie Ihr Buch selbst. Das bedeutet, Sie als Autor steuern den gesamten Veröffentlichungsprozess Ihres eigenen Buches und tragen das Risiko dafür. Selfpublishing klingt moderner und ist besser zu vermarkten. In der Vergangenheit wurde es fast ausschließlich mit dem Vertrieb eigener E-Books in Verbindung gebracht. Seit es Print on Demand gibt, ist das anders. Entscheidend ist, wie die verlegerische Tätigkeit gestaltet wird. Davon hängt nämlich ab, ob ein Gewerbe anzumelden ist oder nicht. Dazu aber gleich mehr.

Vor- und Nachteile beim Selbstverlag

Als Selbstverleger genießen Sie viele Freiheiten: Niemand schreibt Ihnen vor, was und wie Sie schreiben. Sie gestalten das Buch nach Ihren Wünschen und müssen sich nicht an Zeitvorgaben halten. Sie wählen Ihre Vertragspartner, bestimmen den Buchpreis, die Gewinnmarge und das Marketing. Auch aus rechtlicher Sicht gibt es Vorteile. Denn in der Regel müssen Sie Ihren Vertragspartnern Nutzungsrechte lediglich zeitlich begrenzt, nicht exklusiv und nur in geringerem Umfang einräumen.

Dem steht gegenüber, dass Sie die rechtlichen und finanziellen Risiken der Buchveröffentlichung tragen. Sie benötigen umfangreiche Kenntnisse und viel Zeit, wenn Sie Ihr Buch selbst überprüfen, ansprechend gestalten und vermarkten möchten. Was Sie nicht selbst erledigen können, kostet Geld. Wie viel, hängt davon ab, welche Anforderungen Ihr Werk mit sich bringt und in welchem Umfang Sie Marketing betreiben wollen.

Die Entscheidung – Buchverlag oder Selbstverlag

Haben Sie eigentlich schon Ihr fertiges Manuskript in der Schublade liegen? Okay. Dem roten Faden dieses Buches folgend sind wir aber hier: Ihr Buchkonzept mit Probekapitel ist geschrieben. Sie kennen Ihre Ziele, Zielgruppen, Eckdaten des Buches und wissen, welche Veröffentlichungswege zur Auswahl stehen.

Nun geht es darum, den Weg zu finden, der am besten zu Ihren Zielen, Ihren Zielgruppen und Ihrem Buch passt. Ihre heutige Entscheidung ist natürlich nicht endgültig. Schon jetzt die Weichen zu stellen, kann aber wieder unnötige Arbeit ersparen. Denn manche Verlage entscheiden bereits auf Grundlage des Probekapitels, ob Ihr Buch ins Programm passt. Wenn ja, schreiben Sie das Manuskript in Zusammenarbeit mit Verlagslektoren und ersparen sich so mühevolles Umformulieren. Fällt Ihre Entscheidung auf den Selbstverlag, dann informieren Sie sich über die Formatvorgaben des von Ihnen gewählten Anbieters. So können Sie diese bereits beim Schreiben berücksichtigen und arbeiten nicht mit Gestaltungselementen, die später nicht umsetzbar sind.

Natürlich können Sie Ihren Entschluss noch ändern. Vom Buchverlag zum Selbstverlag wechseln, weil Ihr Werk nicht wie erhofft angenommen wird, oder umgekehrt. Sie veröffentlichen Ihr Buch selbst und bekommen einen Verlagsvertrag angeboten, weil Sie es bereits gut am Markt etabliert haben. Was die Zukunft noch bringt, wissen wir nicht. Sie können aber schon jetzt möglichst klare Rahmenbedingungen schaffen. Am besten schnappen Sie sich dafür nun die von Ihnen ausgefüllten Checklisten 1–3.

Selbstverlag ausgeschlossen?

Angenommen, Sie wollen ein Buch für Kleinkinder veröffentlichen. Es handelt von Tieren auf dem Bauernhof, soll Farbbilder enthalten und auf besonders dicker Pappe gedruckt werden, damit die kleinen Hände etwas zum Greifen haben. Auch wollen Sie auf einigen Seiten verschiedenartige Stoffe einbinden lassen, damit die Tiere »gestreichelt« werden können. Ein solches Kinderbuch lässt sich nur mit einem spezialisierten Buchverlag / Agenten sinnvoll realisieren. Denn mit Internetplattformen oder Distributoren ist ein solches Buchformat bereits technisch nicht möglich. Und das Buch auf eigene Kosten herstellen zu lassen und dann über den eigenen »Book-Shop« zu vertreiben, ist wirtschaftlich nicht sinnvoll.

Beim Ausfüllen der Checkliste »Eckdaten für Ihr Buch« haben Sie sich Gedanken über die Gestalt Ihres Buches gemacht. Lässt es sich so im Selbstverlag sinnvoll realisieren? Vielleicht können kleine Anpassungen vorgenommen werden. Wenn nicht, scheidet der Selbstverlag schon jetzt aus.

Das Gleiche kann gelten, wenn Ihre Zielgruppen kein selbstverlegtes Buch kaufen würden. Ein Fachbuch für Innere Medizin wird kaum Akzeptanz finden, wenn es nicht von einem medizinischen Fachverlag herausgegeben wird. Ähnliches ist bei anderen Wissenschaften zu erwarten, sodass aufgrund Ihrer Zielgruppen die Veröffentlichung im Selbstverlag faktisch ausgeschlossen sein kann.

Die Vor- und Nachteile abwägen

Wenn der Selbstverlag schon ausgeschieden ist, bleibt für Sie nur noch zu entscheiden, ob Sie die Leistungen einer Literaturagentur in Anspruch nehmen wollen. Ist der Selbstverlag noch eine Option, wird es spannend:

Überblick:
Vor- und Nachteile beim Buch- und Selbstverlag

Buchverlag	Selbstverlag
Vorteile • »All-inclusive-Paket« • Nutzung Verlagsimage • Konzentration aufs Schreiben • Unterstützung beim Schreiben	**Vorteile** • Gestaltungsfreiheit • Hohes Autorenhonorar in % • Kurze Vertragslaufzeiten • Kontrolle über Werk behalten
Nachteile • Umfangreiche Einräumung von Nutzungsrechten • Geringes Autorenhonorar in % • Sehr lange Vertragsbindung • Wenig Einfluss auf Buchgestaltung und Marketing	**Nachteile** • Rechtliche und finanzielle Risiken • Hoher Zeitaufwand • Kenntnisse von Buchdesign und Marketing sind notwendig • Kein »Image-Vorschuss«

Schaubild 8: *Schlagworte zur Entscheidung Buch- oder Selbstverlag*

Das achte Schaubild stellt die bisher beschriebenen Vor- und Nachteile von Buch- und Selbstverlag gegenüber. Mit Blick auf die Checklisten »Ziele« und »Zielgruppen« können Sie nun überlegen, welcher Weg den größten Erfolg verspricht. Denken Sie an die Bedürfnisse Ihrer Zielgruppen und versuchen Sie, eine ausgewogene Entscheidung zu treffen, die auch gegenläufigen Zielsetzungen Rechnung trägt.

Wenn Sie sich für den Buchverlag entschieden haben, können Sie nun nach Verlagen oder Agenten Ausschau halten, die Ihr Genre vertreten. Finden Sie heraus, welche Unterlagen diese wünschen, und stellen Sie ein Exposé zusammen. Wie eingangs gesagt, kann bereits Ihr Probekapitel genügen. Bitte unterschreiben Sie aber noch keinen Vertrag. Denn das nächste Kapitel hält dazu noch einige Tipps bereit. Ist der Selbstverlag Ihr Favorit, dann gehen Sie ruhig noch einen Schritt weiter: Wägen Sie zwischen Internetplattform, Distributor und »Book-Shop« ab. Vergleichen Sie Angebote und entscheiden Sie sich. Auch zu Buchverträgen mit Internet-Anbietern finden Sie im nächsten Kapitel noch wertvolle Informationen. Daher bitte noch keinen Vertrag schließen!

Autor sein – Hobby, Nebenjob, Beruf

Bücher zu schreiben ist ein schönes Hobby. Etwas zeitintensiv, aber Spaß macht es jedenfalls. Ein guter Grund also, das Hobby zum Beruf zu machen? Was ist das Schreiben für Sie? Hobby, Nebenjob oder Beruf? Für diese Unterscheidung interessieren sich das Finanzamt und die Künstlersozialkasse. Denn Ihre Pflichten als Steuerzahler und Versicherter hängen davon ab.

Kreativität zu verschenken

Endlich ist es so weit. Ihre beste Freundin heiratet. Was sollen Sie nur anziehen? Und welche Schuhe? Sie sind auch noch

Trauzeugin und wollen natürlich etwas ganz Besonderes schenken. Da kommt Ihnen eine Idee: Sie schreiben ein lustiges Märchen über die »Geschichte« des Brautpaars und untermalen dieses mit Fotos im Retro-Look. Die Hochzeit naht, aber zum Glück wird Ihr Buch noch rechtzeitig gedruckt. Alles läuft wie geplant. Und schließlich ist das Paar begeistert, denn Sie schenken jedem Gast ein Buch und damit bleibende Erinnerungen an eine wunderschöne Feier.

Das kreative Hochzeitsbuch für Ihre beste Freundin zu schreiben und zu verschenken, kann rechtlich als Hobby bewertet werden. Obwohl Sie sich schriftstellerisch betätigt haben, ergeben sich aus dem oben genannten Beispiel keine Verpflichtungen gegenüber dem Finanzamt oder der Künstlersozialkasse.

Auf unerklärliche Weise hat die Hochzeit Ihrer besten Freundin einen Boom ausgelöst. Plötzlich wollen alle heiraten und während Sie gerade die dritte Einladung lesen, klingelt das Telefon. Eine entfernte Bekannte aus Kiel meldet sich und fragt, ob Sie ihr auch ein Märchenbuch schreiben können – gegen Bezahlung natürlich. Der Preis stimmt und Sie denken, warum nicht, schließlich stehen dieses Jahr ja noch einige Hochzeiten auf dem Programm.

Sobald Geld ins Spiel kommt und Sie dauerhaft tätig werden wollen, verlassen Sie den »Hobbybereich«. Allein durch den Entschluss, zukünftig Ihre schriftstellerischen Leistungen »verkaufen« zu wollen, werden Sie zum Unternehmer.[14] Dieser Effekt tritt kraft Gesetzes, also »automatisch« ein. Als Unternehmer genießen Sie für Verträge, die Ihre Autorentätigkeit betreffen, keinen Verbraucherschutz und müssen sich mit den Themen Gewerbeanmeldung, Steuern und Sozialversicherungspflicht auseinandersetzen.

Der Autor als Unternehmer

Als neben- oder hauptberuflicher Autor sind Sie »automatisch« Einzelunternehmer. Das hat Folgen, die schnell übersehen werden: Wenn Sie für Ihre Autorentätigkeit beispielsweise ein Buch im Internet bestellen, haben Sie kein Widerrufsrecht, wie es Verbrauchern bei einem solchen Kauf zusteht. Ob der Online-Händler das Buch nicht doch freiwillig zurücknimmt, ist eine andere Sache. Auch brauchen Sie »kommerzielle Lizenzen«. Achten Sie darauf, wenn Sie Fotos oder Programme aus dem Internet herunterladen, die Sie für Ihr Buchprojekt verwenden wollen. Und gehen Sie bei Verträgen mit Verlagen, Distributoren und anderen Dienstleistern davon aus, dass diese sofort bindend sind und nicht einfach so widerrufen werden können.

Unternehmensformen für Autoren

Als Unternehmer dürfen Sie natürlich auch unternehmerische Freiheiten für sich beanspruchen. Sie könnten also eine GmbH oder Aktiengesellschaft betreiben, so Ihr Werk vermarkten und sich selbst zum Geschäftsführer bestimmen. Ein solcher Aufwand wird sich jedoch selten lohnen.

Die Gründung einer Buchprojektgesellschaft – auch Multi-Autoren-Projekt genannt – könnte aber für Sie interessant sein. Nehmen Sie einmal an, Sie hätten ein tolles Buchkonzept, aber keine Zeit zum Schreiben. Oder ein fertiges Manuskript, aber kein Geld, es professionell gestalten zu lassen, um es dann selbst zu verlegen. In solchen Situationen können Sie sich mit anderen zusammentun und das Buchprojekt gemeinsam verwirklichen. Dafür ist es sinnvoll, einen Vertrag zu schließen, durch den die Aufgaben und Gewinnanteile bestimmt werden.

Steuern und Finanzamt

Was wären wir ohne Steuern und das liebe Finanzamt? Nun – auf jeden Fall um einige Bücher ärmer. Denn *Welt N24* – der Onlineausgabe der Zeitung *Die Welt* – zufolge füllt Literatur zum deutschen Steuerrecht Bücherregale auf einer Länge von 200 Metern. Da fragt man sich doch: Wer soll die alle lesen? Wie auch immer, wir müssen uns damit beschäftigen.

Freiberuf oder Gewerbe

Wenn Sie über einen Buchverlag oder eine Agentur veröffentlichen, ist Ihre Autorentätigkeit freiberuflich. Sie brauchen also kein Gewerbe anzumelden.[15] Aber Sie müssen dem zuständigen Finanzamt die Aufnahme Ihrer freiberuflichen schriftstellerischen Tätigkeit mitteilen.[16] Hierfür halten die meisten Finanzämter ein Formular bereit. Dieses ist – zumindest in Düsseldorf – recht umfangreich und aus meiner Sicht nicht zweckmäßig, wenn es darum geht, eine »nur« geringfügige Nebentätigkeit als Autor anzumelden.

TIPP: Fragen Sie beim Finanzamt nach, bevor Sie sich durch ein sperriges Formular quälen. Schildern Sie Ihre Situation in einem kurzen Brief und erbitten Sie eine Auskunft, wie Sie weiter verfahren sollen. Durch die Antwort des Finanzamtes sichern Sie sich ab und wissen, was zu tun ist.

Selbstverleger können Freiberufler oder Gewerbetreibende sein. Die freiberufliche Variante hat Vorteile: Es muss keine Gewerbesteuer bezahlt werden, auch wenn der Ertrag aus dem Buchprojekt 24.500 Euro im Jahr übersteigen sollte. Und: Es werden keine Beiträge an die Industrie- und Handelskammer (IHK) fällig.

Als Selbstverleger haben Sie zwei unterschiedliche Rollen: Sie sind Autor und betreiben einen Verlag. Ihre schriftstellerische Tätigkeit ist freiberuflich, die verlegerische gewerblich. Daraus ergibt sich ein Konflikt, der vom Gesetzgeber und den Gerichten bisher nicht eindeutig gelöst wurde. Die Tendenz geht aber in folgende Richtung: Die bloße Verwertung eigener schriftstellerischer Erzeugnisse im Rahmen des Üblichen ist freiberuflich.[17] Das dürfte bei der Veröffentlichung über Internetplattformen und Distributoren der Fall sein. Denn Sie überlassen die typisch gewerblichen Tätigkeiten wie Herstellung und Vertrieb einem Dienstleister. Dieser zahlt Ihnen ein Autorenhonorar und vergütet damit Ihre freiberufliche schriftstellerische Tätigkeit. Ähnlich wie Verlagsautoren erzielen Sie Ihre Einnahmen nicht unmittelbar aus dem Handel mit Büchern.

Wählen Sie hingegen die »Book-Shop-Variante«, dürfte Ihre Autorentätigkeit insgesamt gewerblich sein. Denn Sie kaufen die Bücher von der Druckerei und verkaufen Sie weiter. Das ist Handel und damit gewerblich. Ihre Einnahmen sind keine Honorare, sondern die Differenz aus Herstellungskosten und dem Verkaufspreis. In diesem Fall müssen Sie ein Gewerbe anmelden und die damit verbundenen Nachteile in Kauf nehmen. Das Gleiche kann passieren, wenn Sie durch Ihr Buch hohe Werbeeinnahmen erzielen. Angenommen, Ihr Buch verkauft sich nicht so gut. Aber auf Ihrer Autorenhomepage laufen viele Werbebanner, die gutes Geld bringen. Dann steht nicht mehr Ihre freiberufliche Autorentätigkeit im Vordergrund. Sie ist nur noch ein Mittel, um gewerbliche Einnahmen aus der Werbung zu erzielen.

Einkommensteuer für Autoren

Unabhängig davon, ob Sie freiberuflich oder gewerblich tätig sind, der Gewinn oder Verlust, den Sie mit Ihrem Buch erzielen, unterliegt der Einkommensteuer. Er wird berechnet, indem die

Ausgaben von den Einnahmen abgezogen werden. Das heißt, die Kosten für Recherche, Buchherstellung, Werbung und so weiter werden vom ausbezahlten Autorenhonorar subtrahiert. Was übrig bleibt, erhöht oder verringert Ihr zu versteuerndes Einkommen. Daher ist es wichtig, Belege für Ausgaben geordnet aufzubewahren, damit diese dem Finanzamt vorgelegt werden können.

TIPP: Überschlagen Sie grob, wie viel Gewinn oder Verlust von Ihrem Buchprojekt zu erwarten ist. Schauen Sie sich dafür die Konditionen des von Ihnen gewählten Veröffentlichungsweges an. Wenn sich insgesamt Verluste ergeben, sollten Sie die steuerlichen Auswirkungen berücksichtigen und versuchen, Nachzahlungen zu vermeiden.

Dienstreisen nach Tahiti

Manchmal – wenn im Büro wieder alles drunter und drüber geht – schließt er einfach die Augen. Dann liegt er am weißen Strand und das Rauschen des fernen Ozeans umspült seine Sinne. Herr Miller ist Investmentbanker mit stressigem Job und hat wenig Zeit, die hart erkämpften Bonuszahlungen auszugeben. Trotzdem schreibt er in seiner Freizeit noch einen Reiseführer: »Tahiti – ein Paradies für Taucher und Golfer«.

Um vor Ort auch ausgeschlafen recherchieren zu können, fliegt er First Class. Er fotografiert eifrig die Unterwasserwelt der Trauminseln und testet die dortigen Golfplätze – alles natürlich nur, damit er seinen Lesern Berichte aus erster Hand liefern kann. Die entstandenen Reisekosten setzt Herr Miller in seiner Steuererklärung an. So zahlt er weniger Steuern, weil seine Ausgaben bei Weitem nicht von den Einnahmen aus den Buchverkäufen gedeckt werden.

Solche »Steuersparmodelle« funktionieren nicht. Sie werden im Steuerrecht als »Liebhaberei« bezeichnet, denn teure Urlaubsreisen sind Privatsache und keine abzugsfähigen Recherchekosten. Das wird auch Herr Miller bald begreifen. Spätestens, wenn ihm das Finanzamt einen Bescheid schickt, mit dem er aufgefordert wird, Einkommensteuer nachzuzahlen.[18]

Umsatzsteuer auf Bücher und Autorenhonorare

Die Umsatzsteuer wird auch Mehrwertsteuer genannt. Sie ist in zweierlei Hinsicht bedeutsam: bei Buchverkäufen und beim Autorenhonorar.

Beim Verkauf von Büchern beträgt die Umsatzsteuer derzeit 7, bei E-Books 19 Prozent. Der Gesetzgeber begründet diesen Unterschied damit, dass der ermäßigte Steuersatz nur für Bücher auf einem »physischen Träger« gilt. Überzeugt Sie das? Mich nicht. Wenn Sie den Verkaufspreis für Ihr Buch selbst bestimmen, achten Sie darauf, ob der Netto- oder Bruttoverkaufspreis anzugeben ist. Die beim Verkauf einbehaltene Umsatzsteuer wird von den Buchhandlungen und Online-Shops an das Finanzamt abgeführt. Wenn Sie Ihre Bücher direkt an Ihre Leser verkaufen, müssen Sie das übernehmen.

Auch Ihr Autorenhonorar unterliegt grundsätzlich der Umsatzsteuer. Es gibt aber Ausnahmen: wenn Sie mit Ihrer Autorentätigkeit im vergangenen Kalenderjahr weniger als 17.500 Euro Umsatz gemacht haben. Und wenn Sie im laufenden Kalenderjahr voraussichtlich weniger als 50.000 Euro umsetzen werden, brauchen Sie auf Ihr Autorenhonorar keine Umsatzsteuer zu erheben. Teilen Sie Ihrem Vertragspartner (Verlag, Distributor etc.) mit, wenn Sie die Grenzen überschreiten. Dann wird Ihnen zusätzlich zum Autorenhonorar die Umsatzsteuer überwiesen. Die so erhaltene Steuer können Sie mit der Umsatzsteuer, die Sie für Ausgaben im Zusammenhang mit Ihrer Autorentätigkeit getätigt haben, verrechnen. Die Differenz aus erhaltener und bezahlter Umsatzsteuer müssen Sie dann dem Finanzamt überweisen – oder Sie bekommen Geld zurück.

Sollten Ihre Ausgaben höher sein als die Einnahmen aus Autorenhonoraren, haben Sie einen Erstattungsanspruch. Das kann attraktiv sein. Und durch einen Verzicht auf die Umsatzsteuerbefreiung können Sie die Verrechnung auch unabhängig von den oben genannten Umsatzzahlen vornehmen. Das verursacht aber Arbeit. Denn Sie sind dann zur Abgabe von Umsatzsteuererklärungen verpflichtet und müssen eventuell eine Umsatzsteueridentifikationsnummer beantragen.

Die Künstlersozialkasse

Durch eine Aufnahme in die Künstlersozialkasse erhalten Autoren einen ähnlichen Schutz in der gesetzlichen Sozialversicherung wie Arbeitnehmer. Die Künstlersozialkasse selbst ist keine Versicherung. Sie nimmt Verwaltungstätigkeiten wahr, entscheidet über die Aufnahme und zieht Beiträge ein. Diese werden zu 50 Prozent von den Mitgliedern, zu 30 Prozent von Unternehmen, die Kunst und Publizistik verwerten, und zu 20 Prozent vom Staat aufgebracht.

Das ist attraktiv, denn ohne die »Zuschüsse« der Künstlersozialkasse müssten Autoren 100 Prozent der Sozialversicherungsbeiträge aufbringen. Daher steht dieser Weg nur Künstlern und Publizisten offen, die ihre Tätigkeit erwerbsmäßig und nicht nur vorübergehend ausüben. Das heißt, die Autorentätigkeit muss so angelegt sein, dass damit nachhaltig und auf Dauer Einnahmen von mehr als 3.900 Euro im Jahr erzielt werden. Berufsanfänger profitieren in den ersten drei Jahren von einer Ausnahmeregel. Für Berufsautoren ist die Künstlersozialkasse daher ein guter Weg, relativ günstig den Schutz einer gesetzlichen Krankenversicherung und der Deutschen Rentenversicherung zu erlangen.

Wenn die Autorentätigkeit für Sie ein Nebenjob ist und Sie bereits über Ihren Arbeitgeber versichert sind, ändert sich meistens nichts. Nur wenn Sie zusätzlich nach dem Künstlersozialversicherungsgesetz versicherungspflichtig werden, könnten weitere Beiträge anfallen. Ob dies der Fall ist, hängt von Ihrer persönlichen Einkommens- und Versicherungssituation ab.

Für Rentner gilt Folgendes: Wer die Autorentätigkeit erst aufnimmt, nachdem die Regelaltersgrenze erreicht wurde, kommt nicht mehr über die Künstlersozialkasse in die gesetzliche Krankenversicherung. Auch endet die Rentenversicherungspflicht, wenn die Regelaltersgrenze erreicht wurde.

Üben Sie neben Ihrer Autorentätigkeit noch andere selbstständige Tätigkeiten aus, die nicht künstlerisch oder publizistisch sind? Dann ist die Aufnahme in die Künstlersozialkasse in der Regel ausgeschlossen, wenn Sie damit im Jahr mehr als 3.900 Euro verdienen.

TIPP: Lassen Sie Ihre Versicherungspflicht durch eine Anfrage bei der Künstlersozialkasse klären. Ein entsprechendes Formular finden Sie unter www.kuenstlersozialkasse.de. So schaffen Sie Klarheit und vermeiden hohe Nachzahlungen.

Sobald Sie hauptberuflich selbstständig erwerbstätig sind, entfällt Ihr Anspruch auf Familienversicherung.[19] Wenn Sie also bisher über Ihren Partner »kostenlos« mitversichert sind und nun als Berufsautor tätig werden wollen, sollten Sie vorsichtig agieren. Klären Sie zunächst mit der Künstlersozialkasse ab, ob und unter welchen Bedingungen Sie versichert werden können. Lohnt sich unter diesen Umständen die Autorentätigkeit? Wenn ja, dann sollten Sie bei Ihrer Krankenkasse sicherstellen, dass beim Übergang zur Künstlersozialkasse ein fortlaufender Versicherungsschutz gewährt wird.

Zusammenfassung Kapitel 3: Die Weichen richtig stellen

- Frühzeitig zwischen Buch- und Selbstverlag zu wählen gibt Planungssicherheit und kann Zeit sparen.
- Buchverlage übernehmen die Kosten und das Risiko für Überarbeitung, Herstellung und Vertrieb. Sie bieten damit einen »All-inclusive-Service« für die Buchveröffentlichung.
- Buchverlage verlangen in der Regel exklusive Nutzungsrechte für die gesamte Laufzeit des Urheberrechtes.
- Bei Buchverlagen haben Autoren in der Regel wenig Einfluss auf Buchgestaltung und Vermarktung.
- Literaturagenturen vermitteln zwischen Autor und Verlag. Sie unterstützen auch bei Vertragsverhandlungen.
- Beim Selbstverlag haben Sie viele Freiheiten. Sie bestimmen über Buchinhalt und Marketing, wählen Dienstleister selbst aus und legen den Buchpreis fest.
- Selbstverleger tragen die Kosten und Risiken der Buchveröffentlichung und müssen viele Arbeiten selbst erledigen.
- Verlagsautoren sind Freiberufler. Selbstverleger können freiberuflich oder gewerblich tätig sein. Dies hängt davon ab, wie der Selbstverlag betrieben wird.
- Für Selbstverleger und Autoren sind die Einkommen-, Umsatz- und eventuell auch die Gewerbesteuer relevant.
- Für Berufsautoren ist die Künstlersozialkasse eine gute Möglichkeit, gesetzlich sozialversichert zu sein. Die Versicherungspflicht kann aber auch zu ungewollten Beitragszahlungen führen.

Links zum Thema

Selfpublisherbibel mit vielen Beiträgen zum Thema
www.selfpublisherbibel.de

Abgabenordnung (AO)
www.gesetze-im-internet.de/ao_1977/AO.pdf

Einkommensteuergesetz (EStG)
www.gesetze-im-internet.de/estg/EStG.pdf

Umsatzsteuergesetz (UStG)
www.gesetze-im-internet.de/ustg_1980/UStG.pdf

Künstersozialversicherungsgesetz (KSVG)
www.gesetze-im-internet.de/ksvg/KSVG.pdf

Künstlersozialkasse (KSK)
www.kuenstlersozialkasse.de

Literaturhinweise

Autoren-Handbuch; So finden Sie einen Verlag für Ihr Manuskript, Schritt für Schritt zur eigenen Veröffentlichung; Sylvia Englert; Autorenhaus Verlag, Berlin

Die Selfpublisherbibel, Autoren-Handbuch für verlagsunabhängiges Publizieren; Matthias Matting; im Selbstverlag über Amazon Createspace

Handbuch für Autorinnen und Autoren: Informationen aus dem deutschen Literaturbetrieb und der Medienbranche; Sandra Uschtrin, Heribert Hinrichs; Verlag: Uschtrin, Inning am Ammersee

Ratgeber Künstlersozialversicherung für selbständige Künstler und Publizisten; Andri Jürgensen; Verlag: Kunst Medien Recht, Kiel

4. Verträge für Selbstverleger und Autoren

Wir merken es kaum, aber unser gesamtes Leben ist in ein Geflecht von Verträgen eingesponnen. Der Mietvertrag für die Wohnung. Strom-, Gas- und Handy-Verträge. Fast täglich schließen wir Kaufverträge und manchmal sogar einen Reise-, Kredit- oder Webhosting-Vertrag. Es ist ein Irrglaube, dass alle Verträge schriftlich sein müssen. Die meisten Verträge des täglichen Lebens werden mündlich, übers Internet oder einfach durch schlüssiges Handeln geschlossen. So wie beim Aldi an der Kasse. Dort legen Sie die Waren aufs Band. Die Verkäuferin scannt den Barcode und Sie bezahlen. So schließen Sie Kaufverträge über jede einzelne Sache, ohne etwas zu unterschreiben oder zu sagen. Verträge können komplex sein. Sie folgen aber einem einfachen Prinzip: Leistung und Gegenleistung.

Was Sie in diesem Kapitel erfahren

- Was Sie bei Verlagsverträgen beachten sollten
- Wie laufende Verlagsverträge angepasst werden können
- Wie Verlagsverträge beendet werden können
- Was Sie bei Verträgen mit Agenturen beachten sollten
- Was Sie bei »Buchverträgen« beachten sollten

Wichtige Verträge für Selbstverleger und Autoren sind:

- Der Verlagsvertrag
- Der Agenturvertrag
- Buchverträge mit Internetplattformen und Distributoren

Diese Verträge werden von Ihrem Vertragspartner – Ausnahmen sind hier selten – vorgefertigt und Ihnen präsentiert. Es sind Allgemeine Geschäftsbedingungen (AGB), die bis auf wenige Punkte kaum verhandelbar sind. Dadurch entstehen ungleiche Verhandlungspositionen. Um diese auszugleichen, hat der Gesetzgeber bestimmte Schutzvorschriften geschaffen. Diese gelten für Verbraucher und in etwas abgeschwächter Form auch für Sie als schriftstellerisch tätigen Einzelunternehmer. Die Schutzvorschriften können bewirken, dass bestimmte Klauseln eines Vertrages unwirksam sind. Wenn sie gegen das Gesetz verstoßen, gelten solche Klauseln nicht, auch wenn sie im Vertrag stehen.[20] Es ist ein Irrtum, zu glauben, dass alles, was in einem Vertrag steht, auch gilt. Behalten Sie das im Hinterkopf und lassen Sie sich nicht davon täuschen, wenn Ihr Vertragspartner sagt: »Das steht doch da.« Lesen Sie mit Rechtsgefühl und hinterfragen Sie Klauseln, wenn schon Ihr gesunder Menschenverstand sagt, dass damit etwas nicht stimmen kann.

Der Verlagsvertrag

Es geht vorwärts. Mit Buchkonzept und Probekapitel haben Sie einen Verlag überzeugt und halten nun Ihren ersten Verlagsvertrag in den Händen. Ein hinreißendes Gefühl. Kosten Sie es aus! Gerade für Erstautoren kann es schwer sein, bei einem Verlag zu landen. Wenn Sie den Freudentaumel unversehrt überstanden haben, stellen Sie am besten erst einmal sicher, dass Sie es nicht mit einem Zuschussverlag zu tun haben. Halten Sie im Vertrag Ausschau nach Beträgen und Klauseln, in denen Sie sich zu hohen Zahlungen verpflichten. Wenn Sie fündig werden, empfehle ich, den »unechten« Verlagsvertrag nicht zu unterschreiben. Wenn sich kein Buchverlag finden lässt, können Sie Ihr Werk als Selbstverlag veröffentlichen.

Bei einem »echten« Verlagsvertrag verpflichtet sich der Verlag, Ihr Werk auf seine Kosten zu vervielfältigen und zu verbreiten. Zu diesem Zweck räumen Sie dem Verlag Nutzungsrechte ein und verpflichten sich, Ihr Manuskript im vereinbarten Umfang abzuliefern. Dafür erhalten Sie ein Autorenhonorar. Das ist der Kern eines jeden Verlagsvertrages – so wie ihn das Verlagsgesetz vorsieht. Der Teufel steckt aber bekanntlich im Detail. Nehmen Sie sich daher Zeit, den Vertrag bewusst durchzulesen. Denn mit Ihrer Unterschrift erschaffen Sie ein Dokument, das bis zu 70 Jahre nach Ihrem Tod Wirksamkeit hat und an das später Ihre Erben gebunden sein werden.

Auf der nächsten Seite finden Sie einen in Stichworten dargestellten Verlagsvertrag. Dieser gibt einen Eindruck davon, was es bei einer Buchveröffentlichung zu regeln gibt. Der Verlagsvertrag ist im Kern ein Lizenzvertrag, der direkt zwischen dem Autor als Urheber und dem Verlag als Verwerter geschlossen wird.[21] Manche Verlage bezeichnen ihn daher als originären Vertrag und überschreiben ihn bewusst mit »Autorenvertrag«. Das macht es für Verlage einfacher, Lizenzverträge mit Autoren von Lizenzverträgen mit anderen Rechtegebern zu unterscheiden. Denn zwischen Verlagen, Film- und Audioproduzenten, Agenturen, Übersetzern und anderen Rechteverwertern gibt es einen regelrechten Lizenzhandel, bei dem viele Verträge geschlossen werden. Lassen Sie sich daher von den unterschiedlichen Vertragsbezeichnungen nicht verunsichern. Es kommt auf den Inhalt an!

Verlagsvertrag
(in Stichworten)

§ 1 Vertragsparteien
Namen, Anschrift und weitere Kontaktdaten von Autor und Verlag

§ 2 Vertragsgegenstand
Bezeichnung von Art, Inhalt und Arbeitstitel des Werkes

§ 3 Pflichten des Autors
Konkretisierung des Manuskriptes und dessen Gestaltungselemente

§ 4 Umfang des Werkes und Termin zur Ablieferung
Vereinbarungen zu Umfang, Terminen und Folgen von Vertragsverstößen

§ 5 Einräumung von Nutzungsrechten durch den Autor
Art und Umfang der Nutzungsrechte, Bezeichnung der Nutzungsarten

§ 6 Gewährleistungen des Autors
Zusicherung der Rechtsinhaberschaft, Übertragung der Haftung auf den Autor

§ 7 Rechte und Pflichten des Verlages
Pflicht zur Veröffentlichung, Entscheidungsrechte des Verlages

§ 8 Satz und Korrektur
Praktischer Ablauf von Satz und Korrektur, Kostenrisiko

§ 9 Autorenhonorar und Abrechnungsmodalitäten
Höhe, Berechnung und Auszahlung des Autorenhonorars, Vorschuss

§ 10 Belegexemplare
Freiexemplare für den Autor, Kosten weiterer Exemplare

§ 11 Verramschung und Makulierung
Bedingungen für Verramschung und Makulierung, Verteilung der Erlöse

§ 12 Vertragsbeendigung und Ausverkauf
Rücktritt, außerordentliche Kündigung und deren Folgen

§ 13 Optionen auf zukünftige Werke
Option des Verlages, die nächsten Werke des Autors zu verlegen

§ 14 Weitere Vereinbarungen und Schlussbestimmungen
Informationspflichten, Schriftform, Erfüllungsort, Salvatorische Klausel

Worauf Sie bei Verlagsverträgen achten sollten

Wichtig ist zunächst, dass Sie sich im Verlagsvertrag zu nichts verpflichten, das Sie nicht einhalten können. Das betrifft vor allem den Abgabetermin, den Umfang Ihres Werkes und Gestaltungselemente. Schauen Sie sich genau an, welche Vorgaben der Verlag macht und in welchem Format Sie das Manuskript abliefern müssen. Sprechen Sie mit dem Verlag, wenn die Anforderungen unrealistisch sind. Denn sollten Sie schlechte Qualität liefern oder den Abgabetermin nicht einhalten, kann es passieren, dass der Verlag Schadensersatz verlangt und vom Vertrag zurücktritt.[22]

TIPP: Verträge sind manchmal sehr unübersichtlich und klein gedruckt. Scannen Sie daher den Vertrag und machen Sie eine Textdatei daraus. Vergrößern Sie die Schrift, fügen Sie Absätze hinzu und bilden Sie eigene Überschriften. So wird der Vertrag besser lesbar. Dann können Sie auch die Suchfunktion Ihres Textverarbeitungsprogrammes nutzen, um bestimmte Schlagwörter zu finden.

Die Einräumung von Nutzungsrechten

Wie Sie noch aus dem ersten Kapitel wissen, sind Nutzungsrechte wie eine Währung, die sich stückeln lässt. Wie das in der Praxis aussieht, können Sie an Ihrem Verlagsvertrag sehen. Dort sind alle Nutzungsrechte aufgeführt, die Sie dem Verlag einräumen. Auch werden konkrete Nutzungsarten genannt. Das muss der Verlag tun, denn im Zweifel gelten nur die Rechte als eingeräumt, die ausdrücklich bezeichnet sind.

Seien Sie sich bewusst, dass die weltweite und ausschließliche Vergabe der Rechte an den Verlag bedeutet, dass auch Sie als Autor Ihr eigenes Werk nicht vervielfältigen und veröffentlichen dürfen. Wenn Sie es später doch selbst verlegen möchten, sollten Sie die Nutzungsrechte zeitlich begrenzen. Vielleicht lässt sich der Verlag ja auf eine Schutzdauer von zehn oder zwanzig Jahren ein.

Gewährleistungen / Haftung des Autors

Verlage lassen sich in aller Regel vom Autor versichern, dass sein Werk frei von inhaltlichen Mängeln ist und Rechte Dritter nicht verletzt werden. Diesen »kleinen« Satz überliest man schnell. Er hat aber eine sehr weitreichende Bedeutung und ist mit ein Grund dafür, dass ich dieses Buch geschrieben habe. Denn Verlage lassen sich weitgehend von der Haftung freistellen und Sie als Autor tragen die Risiken.[23]

Indem Sie den Verlagsvertrag unterschreiben, versichern Sie, die Rechte an allen Texten, Fotos, Illustrationen oder was Sie sonst noch in Ihrem Manuskript verwenden, zu haben. Und Sie versichern, dass Ihr Werk Rechte Dritter nicht verletzt, Sie also mit Ihrem Buch nicht gegen Marken-, Urheber-, Namens- oder Persönlichkeitsrechte verstoßen. Hier lauern rechtliche Fallen, die unangenehme Folgen haben können. Wie Sie diese erkennen können, erfahren Sie im nächsten Kapitel.

Pflichten des Verlages

In jeden Verlagsvertrag gehört, dass sich der Verlag verpflichtet, Ihr Werk zu vervielfältigen und zu veröffentlichen. Steht das so in Ihrem Vertrag? Wenn nicht, sollten Sie auf Änderung bestehen, denn das ist ja gerade der Sinn eines Verlagsvertrages. Hilfreich ist auch, festzuschreiben, bis wann das Werk erschienen sein muss. Und für den Fall, dass der Termin nicht eingehalten wird, ein Recht auf Rücktritt und Schadensersatz. So vermeiden Sie, dass der Verlag Ihr Buchprojekt im Sande verlaufen lässt, weil der zuständige Lektor gekündigt hat oder sich das Verlagsprogramm ändert.

Autorenhonorar und Abrechnungsmodalitäten

Die Höhe des Autorenhonorars ist grundsätzlich frei vereinbar. Der Gesetzgeber schreibt jedoch vor, dass die Vergütung angemessen sein muss. Was aber ist angemessen? Diese Frage führt in der Praxis immer wieder zu Streit. Im Kern geht es dabei um das eingangs erwähnte Prinzip von Leistung und Gegenleistung. Wie viel sind einzelne Nutzungsrechte wert? Eine pauschale Vergütung von 2.000 Euro für ein Werk, das Millionen einbringt, ist sicherlich nicht angemessen. In Verlagsverträgen werden daher oft Beteiligungshonorare vereinbart. Diese können je nach Ausgabeformat variieren. Hier einige Erfahrungssätze, die sich auf den Netto-Ladenpreis beziehen:

- Hardcover 10 %
- Taschenbuch 5–8 %
- Wissenschaftliche Bücher 12 %
- Kinderbücher 5 %
- E-Books 20–25 %

Das Autorenhonorar kann auch nach der Anzahl verkaufter Exemplare gestaffelt werden (Absatzhonorar). Hier gilt dann, je erfolgreicher Ihr Buch ist, desto höher ist Ihre prozentuale Beteiligung. Vergibt der Verlag Unterlizenzen, zum Beispiel an einen Filmproduzenten, werden Autoren in der Regel mit 40 bis 60 Prozent der so erzielten Erlöse beteiligt.

Vor allem im Bereich belletristischer Verlage sind Vorschusszahlungen üblich. Diese können ein Garantiehonorar sein. Dann müssen sie nicht zurückbezahlt werden. Oder der Vorschuss wird mit den ersten Abrechnungen des Autorenhonorars verrechnet und hat somit eher den Charakter eines zinslosen Darlehens. Die Auszahlung des Autorenhonorars erfolgt in der Regel halb- oder ganzjährig. Um die Berechnung des Autorenhonorars überprüfen zu können, sollten Sie darauf achten, dass ein Recht auf Einsichtnahme in die Buchführung im Vertrag steht. Da sich Verlage nicht gerne in die Bücher schauen lassen, sehen viele Verlagsverträge vor, dass nur ein zur Verschwiegenheit verpflichteter Rechtsanwalt oder Wirtschaftsprüfer Einsicht bekommt.

Optionen auf zukünftige Werke / Wettbewerbsklauseln
Durch eine Option möchten sich Verlage schon Ihr nächstes, noch nicht fertiggestelltes Werk sichern und verhindern, dass Sie damit zur Konkurrenz wechseln. Einen ähnlichen Zweck verfolgen Wettbewerbsverbote und Konkurrenzklauseln. Diese verbieten Ihnen, ein ähnliches Buch zu schreiben und über einen konkurrierenden Verlag zu veröffentlichen. Solche Klauseln engen Ihre Autorentätigkeit ein. Überlegen Sie daher gut, ob Sie das akzeptieren können. Wenn ja, lassen Sie sich für die Einschränkungen vergüten und stellen Sie sicher, dass Wettbewerbsverbote zeitlich begrenzt sind.

Die Anpassung von Verlagsverträgen

Verlagsverträge haben eine sehr lange Laufzeit. Daher kann es notwendig werden, sie anzupassen. Am einfachsten geht das, indem Sie und der Verlag einen Änderungsvertrag schließen, der die neuen Bedingungen regelt. Das funktioniert natürlich nur, wenn Sie sich einig werden. Wenn nicht, kann Ihnen das Gesetz helfen. Zumindest, wenn es um die Anpassung des Autorenhonorars geht. Sie haben nämlich Anspruch auf eine angemessene Vergütung. Ist Ihr Autorenhonorar unangemessen niedrig, können Sie vom Verlag die Einwilligung in eine entsprechende Anpassung des Vertrages verlangen. Erteilt der Verlag die Einwilligung nicht, können Sie ihn verklagen. Gewinnen Sie, ersetzt das Gerichtsurteil die Einwilligung des Verlages und der Vertrag läuft mit dem erhöhten Autorenhonorar weiter.[24]

Rückruf und Beendigung

Macht ein Autor wirksam von seinem Rückrufrecht Gebrauch, erlöschen dadurch Nutzungsrechte, die der Autor dem Verlag eingeräumt hat. Wenn der Rückruf alle Nutzungsrechte betrifft, wird der Verlagsvertrag gegenstandslos und erlischt. Ein Rückruf hat also weitreichende Folgen. Besonders für den Verlag, der vielleicht schon Geld in die Herstellung und Vermarktung des Buches gesteckt hat. Daher sind die Anforderungen an einen wirksamen Rückruf hoch. Hier ins Detail zu gehen würde den Rahmen sprengen. Im Kern geht es aber darum, dass Sie nicht tatenlos zusehen müssen, wenn Ihr Verlag ausschließliche Nutzungsrechte hat, diese aber nur unzureichend auswertet. Oder wenn sich Ihre künstlerische, politische, religiöse oder wissenschaftliche Anschauung so gewandelt hat, dass es für Sie unzumutbar ist, dass Ihr Werk weiterhin vertrieben wird.

Beim Rückruf gibt es viele rechtliche Feinheiten zu beachten. Daher sollten Sie diesen auf keinen Fall leichtfertig erklären, nur weil Sie der Meinung sind, Ihr Verlag sollte mehr Werbung für Ihr Buch machen. Denn ein Rückruf kann zu Entschädigungs- und, wenn er unberechtigt ist, auch zu Schadensersatzansprüchen führen.[25]

Schließlich stellt sich noch die Frage, wie Sie Ihren Verlagsvertrag beenden können, wenn Sie nicht bis zum Ende der Laufzeit an den Verlag gebunden sein wollen. Wenn der Verlag genauso denkt, können Sie einen Aufhebungsvertrag schließen und beide Seiten sind glücklich. Will der Verlag aber am Vertrag festhalten, wird es kniffelig. Denn die meisten Verlagsverträge sehen keine Kündigungsmöglichkeiten vor. Schauen Sie aber vorsichtshalber im Vertrag nach – vielleicht haben Sie ja Glück. Wenn nicht, brauchen Sie einen stichhaltigen Grund, um zu kündigen oder vom Vertrag zurückzutreten.

Ein Kündigungsgrund liegt vor, wenn der Verlag Ihr Autorenhonorar über Jahre hinweg erheblich zu spät ausbezahlt hat, obwohl Sie ihn immer wieder schriftlich zur pünktlichen Zahlung aufgefordert haben. Allerdings sollte der Zahlungsrückstand erheblich und Ihr Verhältnis zum Verlag so sehr erschüttert sein, dass Ihnen die Fortsetzung des Vertrages nicht mehr zugemutet werden kann. Sie könnten auch zur Kündigung berechtigt sein, wenn der Geschäftsführer des Verlages Sie in einem Radiointerview durch öffentliche Beschimpfungen und Beleidigungen in Verruf bringt.

Schließlich kann ein Verlagsvertrag auch durch Rücktritt beendet werden. Das Verlagsgesetz ermöglicht den Rücktritt, wenn der Verlag das Werk nicht vertragsmäßig vervielfältigt oder vertreibt. Anders als beim Rückruf kann der Rücktritt vertraglich ausgeschlossen werden. Das tun Verlage auch gerne. Schauen Sie daher in den Vertrag, bevor Sie den Rücktritt erklären.

Es gibt noch weitere Möglichkeiten, von Verträgen zurückzutreten. Dafür sind aber »juristische Klimmzüge« notwendig, die ich Ihnen an dieser Stelle ersparen möchte. Festzuhalten bleibt: Es ist nicht leicht, wieder aus einem Verlagsvertrag herauszukommen. Prüfen Sie daher Ihren Vertragspartner und den Vertrag gewissenhaft. Nehmen Sie bei Zweifeln lieber etwas Geld in die Hand und lassen Sie sich rechtlich beraten. Das ist besser, als sehr lange an einen ungünstigen Vertrag gebunden zu sein.

Der Vertrag mit einer Literaturagentur

Das Kernstück eines Agenturvertrages ist die Vermittlung des Autors an einen passenden Verlag. Wenn Sie also Ihr Buch mithilfe einer Agentur veröffentlichen wollen, haben Sie es mit zwei verschiedenen Verträgen zu tun: dem Agenturvertrag und dem im vorherigen Abschnitt vorgestellten Verlagsvertrag, der Ihnen von der Agentur vermittelt wird.

Sobald Sie den Agenturvertrag geschlossen haben, beginnt die Vermittlung. Der Agent erstellt ein Exposé, sucht passende Verlage und präsentiert dort Ihr Werk. Zeigt ein Verlag Interesse, werden Sie von der Agentur bei den Vertragsverhandlungen unterstützt und unterzeichnen den Verlagsvertrag. Wenn Ihr Buch dann auf dem Markt ist, kommen die ersten Zahlungen vom Verlag. Diese fließen zunächst an die Agentur, die prüft, ob ordentlich abgerechnet wurde, Ihre Provision von 10 bis 20 Prozent einbehält und den Rest an Sie ausbezahlt. So der optimale Ablauf, wie er sich aus dem in Stichworten dargestellten Agenturvertrag ableiten lässt.

AGENTURVERTRAG
(in Stichworten)

§ 1 Vertragsparteien
Namen, Anschrift und weitere Kontaktdaten von Autor und Verlag

§ 2 Vermittlungsleistungen
Exposé erstellen, Werk Verlagen anbieten, Autor beraten

§ 3 Honorarverwaltung
Prüfung der Honorarabrechnungen, Zahlungseingänge weiterleiten

§ 4 Provision
Höhe, Bezugsgrößen und Fälligkeit der Provision

§ 5 Exklusivität und Mitwirkungspflichten des Autors
Keine anderen Agenten, keine eigene Verlagssuche, Informationen an Agentur

§ 6 Urheberrechte, Nutzungsrechte und Freistellung
Zusicherung der Rechtsinhaberschaft, Übertragung der Haftung auf den Autor

§ 7 Sonstige Pflichten der Agentur
Berichtspflichten, Konkurrenzschutz, Geheimhaltung

§ 8 Kündigung
Kündigungsrechte und Fristen

§ 9 Weitere Vereinbarungen und Schlussbestimmungen
Schriftform, Erfüllungsort, Salvatorische Klausel

Leider gibt es auch unter den Literaturagenturen schwarze Schafe, die »Vermittlungspauschalen«, »Redaktionskosten« oder »Begutachtungsgebühren« verlangen und im Gegenzug fragwürdige Leistungen erbringen. Achten Sie daher bei Agenturverträgen auf Folgendes:

Vermittlungsleistungen
Das Exposé sollte von Ihnen freigegeben werden, bevor die Agentur es an Verlage schickt. So stellen Sie sicher, dass die Informationen stimmen, und erfahren auch, wann der Agent tätig wird.

Provision
Schließen Sie aus, dass die Vermittlung eines Zuschussverlages zu einem Provisionsanspruch führt. Achten Sie auf versteckte Kosten und dubiose »Gebühren«, bei denen sich nicht klar erkennen lässt, was die Gegenleistung ist. Bei Agenturen ist es üblich, auf reiner Provisionsbasis zu arbeiten. Das bedeutet, die Agentur bekommt nur dann Geld, wenn der Verlag es ausbezahlt. Bei einem guten Vertrag brauchen Sie nicht in Vorleistung zu gehen. Eine Ausnahme gibt es jedoch: Der Verlagsvertrag wird geschlossen. Sie liefern Ihr Manuskript nicht wie vereinbart ab und der Verlag kündigt Ihnen. In diesem Fall ist es verständlich, dass die Agentur nicht leer ausgehen will und von Ihnen eine Entschädigung verlangt.

Exklusivität und Mitwirkungspflichten des Autors
Verständlich ist auch, dass die Agentur Sie exklusiv vermitteln will. Sie dürfen daher keine anderen Agenturen beauftragen oder Ihr Werk selbst bei Verlagen vorstellen. Sollte ein Verlag an Sie herantreten, sind Sie verpflichtet, ihn an die Agentur zu verweisen und diese zu informieren.

Sonstige Pflichten der Agentur

Es ist ein gutes Zeichen, wenn sich Agenturen dazu verpflichten, über den Fortschritt der Vermittlungsbemühungen zu berichten und während der Laufzeit des Vertrages mit Ihnen keine Autoren anzunehmen, die in direkter Konkurrenz zu Ihnen stehen. Das schafft Vertrauen. Denn durch die gleichzeitige Vermittlung von vergleichbaren Büchern würde die Agentur unweigerlich in einen Interessenkonflikt geraten.

Kündigung

Die meisten Agenturverträge werden auf unbestimmte Zeit geschlossen. Deshalb haben Kündigungsrechte und Fristen eine wichtige Bedeutung, denn bei einem exklusiven Vertrag dürfen Sie ja nicht selbst auf Verlagssuche gehen. Der Agentur sollte ein realistischer Zeitraum zur Verfügung stehen, um einen Verlag für Sie zu finden. Hierfür kann eine Mindestlaufzeit vereinbart werden. Danach sollten Sie mit kurzer Frist ohne Begründung kündigen und einen anderen Veröffentlichungsweg beschreiten können.

Wenn die Vermittlung erfolgreich war, kommt der Kündigung weniger Bedeutung zu. Denn die Agentur erledigt dann »nur noch« die Honorarverwaltung. Den Vertrag können Sie auch dann kündigen. Die Provision müssen Sie aber weiterhin bezahlen, da die Verpflichtung dazu ja schon entstanden ist.

Buchverträge mit Internetplattformen / Distributoren

Selbstverleger, die ihre Bücher nicht über den eigenen »Book-Shop« vertreiben, werden entweder mit einer Internetplattform oder mit einem Distributor zusammenarbeiten. Mit diesen wird ein »Buchvertrag« geschlossen. Das ist keine »offizielle« rechtliche Bezeichnung, hört sich aber gut an und sagt, worum es geht. Je nach Anbieter kann der Vertrag aber auch ganz anders heißen.

BUCHVERTRAG
(in Stichworten)

§ 1 Leistungsbeschreibung und Preise
Konvertierung, Druck, Vertrieb, Werbung und Preise dafür

§ 2 Optionale Leistungen und Preise
Lektorat, Korrektorat, Cover-Design, Layout, Werbemittel und Preise dafür

§ 3 Ablauf der Veröffentlichung
Zur Auswahl stehende Buchformate, Farben und andere Gestaltungselemente

§ 4 Einräumung von Nutzungsrechten
Art und Umfang der Nutzungsrechte, Bezeichnung der Nutzungsarten

§ 5 Autorenhonorar und Abrechnungsmodalitäten
Höhe, Berechnung und Auszahlung des Autorenhonorars

§ 6 Gewährleistungen des Autors
Zusicherung der Rechtsinhaberschaft, Übertragung der Haftung auf den Autor

§ 7 Vertragslaufzeit und Kündigung
Mindestlaufzeit, Kündigungsfrist, Form der Kündigung

§ 8 Weitere Vereinbarungen und Schlussbestimmungen
Gerichtsstand, Erfüllungsort, Salvatorische Klausel

Die Anbieter verlangen, dass Sie sich zunächst registrieren und die Allgemeinen Geschäftsbedingungen akzeptieren. Diese sind dann Bestandteil des Buchvertrags, beziehen sich meistens aber nur auf das Nutzerkonto. Wenn Sie später tatsächlich eine Buchdatei hochladen wollen, wird Ihnen der eigentliche Buchvertrag präsentiert. Speichern und lesen Sie diesen, bevor Sie das Häkchen für »Gelesen« setzen und auf »Weiter« klicken. Denn im Internet schließen Sie so einen verbindlichen Vertrag.

Leistungsbeschreibungen und Preise

Wichtig ist, dass Sie Ihr Buchprojekt mit den angebotenen Leistungen nach Ihren Vorstellungen realisieren können. Das werden

Sie wahrscheinlich schon bedacht haben, als es im vorherigen Kapitel um die Entscheidung Buch- oder Selbstverlag ging. Jetzt gilt es sicherzustellen, dass sich die von Ihnen benötigten Leistungen im Vertrag wiederfinden und dass es keine versteckten Kosten gibt.

Ablauf der Veröffentlichung

Im Buchvertrag oder auf Anlagen dazu wird beschrieben, welche Buchformate zur Verfügung stehen. Überprüfen Sie anhand dieser Angaben ruhig nochmals, ob das für Ihr Buch notwendige Ausgabeformat dabei ist. Berücksichtigen Sie dabei auch, dass einige E-Book-Formate nicht von allen Smartphones und E-Book-Readern unterstützt werden.

Einräumung von Nutzungsrechten

Auch Internetplattformen und Distributoren brauchen eine ganze Reihe von Nutzungsrechten, um Ihr Werk herstellen und vertreiben zu dürfen. Achten Sie dabei besonders darauf, ob Sie die Rechte ausschließlich, das heißt exklusiv einräumen. Wenn ja, dürfen Sie Ihr Buch nicht gleichzeitig über andere Anbieter und auch nicht über Ihre eigene Homepage vertreiben. Das ist eine erhebliche Einschränkung, vor allem wenn die Reichweite des Anbieters nicht groß ist. Werden Sie hellhörig, wenn der Anbieter so viele Nutzungsrechte verlangt wie ein Buchverlag.

Autorenhonorar und Abrechnungsmodalitäten

Die Abrechnungsmodelle mancher Anbieter sind spektakulär undurchsichtig. Vor allem, wenn Honorare für den Buchverleih und Verkäufe im Ausland hinzukommen, wird es chaotisch. Grund dafür sind Unterschiede bei der Mehrwertsteuer und den gesetzlichen Preisbestimmungen für Bücher. Beißen Sie sich durch – oder wählen Sie einen Anbieter mit nachvollziehbarer Vergütung.

Die Honorarspanne reicht bis 80 Prozent, aber Vorsicht! Prüfen Sie, worauf sich der Prozentsatz bezieht. Das kann zu sehr unterschiedlichen Ergebnissen führen. Bei Distributoren finden Sie oft Preisrechner. Geben Sie dort den Verkaufspreis des Buches ein und Sie erfahren, wie hoch Ihr Autorenhonorar sein wird.

Schauen Sie sich auch die Abrechnungsmodalitäten an. Um Verwaltungskosten zu sparen, wird bei manchen Anbietern erst ausbezahlt, wenn das Autorenhonorar einen bestimmten Betrag erreicht hat. Sie können Ihre Verkaufszahlen aber online nachvollziehen und sehen, mit wie viel Geld Sie rechnen können.

Was ist eigentlich Buchpreisbindung?
Als Selbstverleger bestimmen Sie den Preis für Ihr Buch und müssen sich deshalb an das Buchpreisbindungsgesetz halten. Das ist nicht schwer, denn Ihr Buchpreis ist nicht gebunden – wie das Wort es vermuten lässt. Sie können den Preis Ihres Buches oder E-Books nämlich verändern. Der Preis muss aber bei allen Buchhändlern und Online-Shops gleich sein. So will das Gesetz verhindern, dass kleine Buchhandlungen durch den Preiswettbewerb vernichtet werden.

Gewährleistungen / Haftung des Autors
Genau wie Verlage wälzen Internetplattformen und Distributoren ihre Haftungsrisiken weitgehend auf die Autoren ab. In Buchverträgen heißt es dazu:

> *Der Autor stellt den Anbieter von sämtlichen Ansprüchen Dritter einschließlich der Kosten der Rechtsverteidigung und Rechtsverfolgung vollumfänglich frei.*

Wenn Sie über einen Buchverlag veröffentlichen, haben Sie etwas mehr Sicherheit, denn erfahrene Lektoren sind mit rechtlichen Risiken vertraut und sollten darauf hinweisen. Als Selbstverleger haben Sie diesen Luxus nicht. Aber dazu mehr im nächsten Kapitel.

Vertragslaufzeit und Kündigung

Es ist schwer, bereits jetzt einzuschätzen, wie gut der von Ihnen gewählte Anbieter sein wird. Das werden Sie erst erfahren, wenn Sie das gedruckte Buch in den Händen halten, dessen Qualität testen oder die Umsatzzahlen für Ihr E-Book sehen.

Sollte sich Ihr Buch nicht gut verkaufen, sind kurze Mindestlaufzeiten und Kündigungsfristen ein Vorteil. Dann können Sie den Anbieter schnell wechseln. Bei manchen Internetplattformen gibt es keine Mindestlaufzeit und sehr kurze Kündigungsfristen. Distributoren verpflichten ihre Kunden hingegen meist für ein Jahr.

Ein Anbieterwechsel kostet Zeit und manchmal auch Geld. Schauen Sie sich daher den Buchvertrag genau an und prüfen Sie die Konditionen. Dann erwarten Sie keine bösen Überraschungen und Sie können sich auf Ihre schriftstellerische Tätigkeit konzentrieren.

Zusammenfassung Kapitel 4: Verträge für Selbstverleger und Autoren

- Verlags-, Agentur- und Buchverträge sind fast immer Allgemeine Geschäftsbedingungen (AGB).
- Rechnen Sie damit, dass Ihr Vertragspartner die Haftung für den Buchinhalt vollständig auf Sie abwälzt.
- Vertragsklauseln, die gegen das Gesetz verstoßen, sind unwirksam, auch wenn sie schriftlich vereinbart wurden.
- Gehen Sie in Verlagsverträgen keine Verpflichtungen (Terminvorgaben, Gestaltungselemente etc.) ein, die Sie nicht einhalten können.
- Sie können die zeitliche und inhaltliche Ausgestaltung von Nutzungsrechten verhandeln.
- Verlagsverträge sollten immer die Pflicht des Verlages enthalten, Ihr Werk zu vervielfältigen und zu veröffentlichen.
- Es gibt begrenzte Möglichkeiten, um Verlagsverträge anzupassen und zu beenden.
- Achten Sie bei Agenturverträgen besonders darauf, dass Sie nicht in Vorleistung gehen müssen. Abrechnungen auf reiner Provisionsbasis sind seriös und üblich.
- »Buchverträge« werden zwischen Selbstverlegern und Internetplattformen / Distributoren geschlossen. Sie haben unterschiedliche Bezeichnungen.
- Achten Sie bei »Buchverträgen« besonders auf Exklusivität und den Umfang der Nutzungsrechte. Kurze Vertragslaufzeiten und klare Abrechnungsmodelle sind vorteilhaft.

Links zum Thema

Musterverträge zum Verlagsrecht
www.vs.verdi.de/recht-urheber/mustervertraege

Vertragsbedingungen von Amazon KDP – zu finden in der Fußzeile der Internetseite unter »Bedingungen für die Nutzung von KDP«
www.kdp.amazon.com

Buchvertrag des Distributors Tredition
www.tredition.de/buchvertrag

Verlagsgesetz
www.gesetze-im-internet.de/verlg/VerlG.pdf

Literaturhinweise

Recht im Verlag; Konstantin Wegner, Dieter Wallenfels, Ulrich Reber, Daniel Kaboth; Verlag: C.H. Beck, München

Der Verlagsvertrag; Peter Lutz; Verlag: Carl Heymanns, Köln

Praxiskommentar zum Urheberrecht; Wandtke/Bullinger; Verlag: C.H. Beck, München

Urheberrecht Kommentar; Schricker/Loewenheim; Verlag: C.H. Beck, München

5. Rechtliche Fallstricke vermeiden

Kunst- und Meinungsfreiheit sind starke Verbündete. Sie erlauben Ihnen, über vieles zu schreiben – aber nicht über alles. In diesem Kapitel erfahren Sie, auf welche Fallstricke Sie beim Schreiben achten sollten. Denn auch schriftstellerische Freiheiten haben Grenzen. Nämlich dort, wo durch das Buch Rechte anderer so weitgehend verletzt werden, dass es durch die Kunst- und Meinungsfreiheit nicht mehr gerechtfertigt werden kann.

Diese Interessenabwägung macht das Autorenrecht interessant, aber auch schwer berechenbar. Bedenken Sie daher, dass ich Ihnen hier keine Rechtssicherheit für Ihr Buch garantieren kann. Es kommt immer auf den Einzelfall an und wie Sie wissen, steht dieses Buch ja unter dem Motto: Verständlichkeit geht vor rechtlichen Details.

Was Sie in diesem Kapitel erfahren

- Welche Folgen Rechtsverletzungen haben können
- Wie Sie Urheberrechtsverletzungen vermeiden können
- Was Sie bei Fortsetzungswerken und Fotos beachten sollten
- Welche Sorgfaltspflichten Autoren haben
- Wie Sie Persönlichkeitsrechtsverletzungen vermeiden können
- Was Sie bei Marken beachten sollten
- Welche strafrechtlichen Folgen eintreten können

Die Folgen von Rechtsverletzungen

»Jetzt veröffentlichen!« Ein kleiner Klick mit der Maus und in ein paar Stunden ist Ihr Werk weltweit verfügbar. Da kribbelt's im Finger! Bücher im Internet zu veröffentlichen ist heute ein Kinderspiel. Mein Eindruck ist aber, dass gerade junge Selbstverleger sehr unbedarft an die Sache herangehen. Da wird schnell mal ein E-Book »rausgehauen«, verbunden mit der Hoffnung, über Nacht zum Bestseller-Autor zu werden. Ein solcher Schnellschuss kann leicht nach hinten losgehen. Denn schon kleine rechtliche Fehler im Buch können unangenehme Folgen haben:

Mögliche Folgen von Rechtsverletzungen

Zivilrechtliche Folgen

- Das Buch darf nicht veröffentlicht werden (Unterlassungsanspruch)
- Bereits gedruckte Bücher müssen vernichtet werden
- Zahlung von Schadensersatz
- Zahlung von Gerichts- und Anwaltskosten (Abmahnkosten)
- Zahlung von Schmerzensgeld wegen Persönlichkeitsrechtsverletzungen

Strafrechtliche Folgen

- Geldstrafen
- Freiheitsstrafen
- Beschlagnahmung
- Gerichts- und Anwaltskosten

Persönliche Folgen

- Das Image als Autor wird beeinflusst
- Emotionale Belastung
- Zeitverlust
- Günstiger Zeitpunkt zur Veröffentlichung könnte verpasst werden

Schaubild 9: *Mögliche Folgen einer Buchveröffentlichung, die Rechte verletzt*

Das neunte Schaubild zeigt, welche Folgen es haben kann, wenn Sie in eine rechtliche Falle tappen. Abmahnungen, Unterlassungsklagen, Schadensersatz – all das kann teuer werden und Ihr Buchprojekt scheitern lassen. Hinzu kommen emotionale Belastungen, die rechtliche Auseinandersetzungen mit sich bringen. In diesem Kapitel erhalten Sie daher Ratschläge, wie Sie rechtliche Fallstricke vermeiden können. Beherzigen Sie diese beim Schreiben und nutzen Sie Ihr natürliches Rechtsgefühl. Denn die raue Wirklichkeit hält mehr Fallen bereit, als hier behandelt werden können.

Urheberrechtsverletzungen vermeiden

Im ersten Kapitel haben Sie erfahren, welche Rechte Ihnen bei Urheberrechtsverletzungen zustehen. Die gleichen Rechte schützen natürlich auch andere Urheber. Sollten Sie also Texte, Fotos oder andere Gestaltungselemente in Ihrem Buch verwenden und damit gegen das Urheberrecht verstoßen, blicken Sie auf die Kehrseite der Medaille. Ich weiß, das wollen Sie nicht. Aber selbst wenn Ihnen nicht bewusst ist, dass Sie das Urheberrecht eines anderen verletzen, können negative Folgen eintreten – daher Achtung:

Urheberrechtsverletzungen durch Texte

Klar ist: Wenn Sie urheberrechtlich geschützte Texte eines anderen Autors in Ihr Buch kopieren und veröffentlichen, begehen Sie eine Urheberrechtsverletzung. Das haben Sie im ersten Kapitel gelesen und wissen auch, dass es davon Ausnahmen gibt, wie zum Beispiel das Zitatrecht.

Liedtexte in Büchern

Angenommen, Sie wollen eine Szene Ihres Buches mit Musik »untermalen«. Dafür lassen Sie Ihre drei Protagonisten betrunken durch die Düsseldorfer Altstadt taumeln und dabei lautstark das Lied »*Country Roads, take me home*« von John Denver singen. Dürfen Sie das, ohne die Nutzungsrechte dafür zu haben? Bereits Fragmente eines Werkes können urheberrechtlichen Schutz genießen. Bei Liedtexten kommt der Effekt hinzu, dass allein der Refrain dazu geeignet ist, im Kopf des Lesers eine Melodie »abspielen zu lassen«. Um diesen Effekt geht es dem Autor ja gerade. Faktisch nutzt er also das Musikwerk für sein Buch und benötigt meiner Ansicht nach dafür eine Lizenz.

Da es sich bei »*Country Roads, take me home*« nur um fünf Worte handelt, könnten Sie einwenden, dass es ein Kurzzitat sei und daher ohne Lizenz verwendet werden darf. Nun, kurz ja. Aber Zitat nein. Denn das Gesetz erlaubt Zitate nur zu bestimmten Zwecken: Nach der Rechtsprechung sind Werkteile, die nur zur Ausschmückung genutzt werden und mit denen der Autor keine innere Verbindung zu eigenen Gedanken herstellt, keine Zitate.[26] Demnach dürfte auch die Untermalung von Szenen eines fiktiven Buches mit »Hintergrundmusik« kein Zitat sein.

Ich habe hier auch »*Country Roads, take me home*« geschrieben und veröffentlicht. Darf ich das, ohne die Nutzungsrechte dafür zu haben? Die Antwort ist ja. Denn ich nutze den Refrain, um Urheberrechtsverletzungen zu veranschaulichen, und setze mich rechtlich mit dem Inhalt auseinander. Dieser Zweck entspricht dem, was der Gesetzgeber sich bei der Einführung des Zitatrechtes vorgestellt hat, und ist deshalb ohne Lizenz erlaubt.

Fortsetzung folgt

Gustav Herrfeld ist nun in Rente. Er gehört noch zu der Generation, die tatsächlich 45 Jahre lang in die Rentenkasse einbezahlen konnte. Nun hat er sich den Traum von einem kleinen Ferienhaus in Schweden verwirklicht. Während seine Frau die Metropole der Welt bereist, will er in der Abgeschie-

denheit schreiben. Mit Blick auf einen Bergsee und mit den Füßen am Kamin flackern Jugenderinnerungen auf. Gustav nimmt seinen Notizblock und fängt an: Er schreibt von einem starken Mädchen mit roten Zöpfen und Sommersprossen, das nun in einer Großstadt lebt. Sie hat ihr Pferd gegen ein dalmatinerfarbiges E-Bike getauscht und ihr Äffchen klaut am liebsten Smartphones. Langstrumpf soll sie nicht heißen – vielleicht Stadtsumpf – aber sicher ist er sich noch nicht.

Fortsetzungswerke, Fan-Fiction und literarische Gestalten

Auch wenn Gustav Herrfeld in unserem Beispiel keinen einzigen Satz aus den Büchern von Astrid Lindgren übernimmt, kann er trotzdem gegen das Urheberrecht verstoßen. Denn er setzt die Geschichte der Star-Autorin fort. Obwohl seine Figuren andere Namen bekommen, entsteht bei jedem Leser, der Pippi Langstrumpf kennt, die Vorstellung von genau dieser literarischen Gestalt, deren Charakter und typischen Verhaltensweisen.[27] Das Urheberrecht schützt auch diese Vorstellung. Und zwar unabhängig von den Worten, die als Auslöser der geistigen Bilder dienen.[28]

Das Risikopotenzial Ihres Buches steigt erheblich, sobald Sie die von anderen Autoren geschaffenen, prägenden Charaktere, Handlungsorte oder Abläufe wiedererkennbar nutzen. Denn ähnlich wie bei Liedtexten starten Sie so ein »Kopfkino«, das nicht aus Ihrer Feder stammt. Besonders deutlich wird dies bei Fan-Fiction. Dabei handelt es sich um Texte, in denen die Protagonisten aus Büchern in ihrer literarischen »Welt« bleiben, ihnen aber neue oder alternative Handlungen zugeschrieben werden. Veröffentlichen Sie solche Texte nicht, ohne eine Lizenz dafür zu haben. Diese muss nicht immer Geld kosten. Denn manche Autoren freuen sich über Fan-Fiction zu ihren Büchern, weil es für sie kostenlose Werbung ist und Fans mit Sicherheit auch treue Leser sind.

Fotos in Büchern

Zweifellos, richtig eingesetzte Fotos bereichern Ihr Buch. Ein prägnantes Bild als Cover, Ihr Porträt auf der Rückseite oder zum Thema passende Aufnahmen für den Innenteil. Mit Bildern können Sie viel erreichen. Achten Sie aber auf Folgendes:

Nutzungsrechte an Fotos

Fotos sind grundsätzlich durch das Urheberrechtsgesetz geschützt. Daher brauchen Sie eine Lizenz, um diese für Ihr Buch nutzen zu dürfen. Diese sollten Sie sich schriftlich geben lassen und darauf achten, dass Ihnen alle Nutzungsrechte eingeräumt werden, die Sie für Ihre Buchveröffentlichung brauchen.

Internet-Agenturen haben viel Auswahl und Fotos sind schnell besorgt. Es gibt aber rechtliche Risiken: Internet-Agenturen prüfen nämlich in aller Regel nicht, ob derjenige, der ein Bild zum »Verkauf« oder zum »Verschenken« hochgeladen hat, tatsächlich dazu berechtigt war. Das muss zwar beim Upload zugesichert werden, aber was ist, wenn es nicht stimmt?

Das kostenlose Cover-Foto

Ihr selbst verlegtes Buch ist seit einigen Monaten auf dem Markt und läuft recht gut. Kurz vor Weihnachten meldet sich plötzlich ein Fotograf bei Ihnen und behauptet Folgendes: Er sei Urheber von dem Foto, das Sie auf Ihrem Buchcover verwenden. Irgendjemand habe es einfach kostenlos bei einer Internet-Agentur eingestellt. Der Fotograf verlangt, dass Sie den Verkauf des Buches einstellen oder ihm 5.000 Euro für die Nutzung des Fotos bezahlen.

Was sollen Sie tun? Können Sie dem Fotografen glauben? Außerdem haben Sie hohe Erwartungen an das Weihnachtsgeschäft und waren in der Annahme, eine kostenlose Lizenz von der Internet-Agentur erhalten zu haben.

Entrüstet schreiben Sie der Agentur eine E-Mail. Die Antwort lässt auf sich warten. Dann kommt eine kurze Mail:

»Leider kann unsererseits nicht festgestellt werden, dass das von Ihnen angesprochene Werk über unser Internetangebot für Deutschland lizenziert wurde. Im Übrigen verweisen wir auf unsere Allgemeinen Geschäftsbedingungen.«

Damit hatten Sie nicht gerechnet. Behauptet die Agentur etwa, das Foto sei nie von ihr angeboten worden? Sie gehen online – tatsächlich, bei der Agentur ist das Bild nicht mehr zu haben. Dann lesen Sie die Geschäftsbedingungen und ärgern sich, das nicht schon früher getan zu haben. Dort heißt es nämlich: »Bei Werken, die kostenlos heruntergeladen wurden, besteht für die Agentur keine Pflicht zur Abwehr von Ansprüchen Dritter. Die Haftung ist entsprechend der Nr. 5.3.1 dieser AGB ausgeschlossen. Im Übrigen ist das Recht des US-Bundesstaates Florida anwendbar.«

Dieser Fall wirft viele Fragen auf und zeigt das Risiko bei der Verwendung von kostenlosen Fotos aus dem Internet. Bei bezahlten Bildern sieht es etwas besser aus. Dennoch gilt oft ausländisches Recht und die Agenturen versuchen, ihre Haftung so weit wie möglich einzuschränken. Lesen Sie daher die Allgemeinen Geschäfts- und die Lizenzbestimmungen sorgfältig. Speichern Sie diese und dokumentieren Sie das Herunterladen des Fotos. So haben Sie etwas in der Hand, wenn die Agentur behaupten sollte, das Foto nie im Programm gehabt zu haben, oder wenn die Lizenzbedingungen nachträglich geändert werden.

TIPP: Schaffen Sie Beweismittel, indem Sie Bestellvorgänge im Internet dokumentieren. Schnappen Sie Ihr Smartphone und fotografieren Sie, was auf dem Bildschirm zu sehen ist. Oder machen Sie Screenshots, indem Sie auf dem PC die Tasten *Alt Gr + Druck* drücken und die so erstellte Bilddatei in ein Programm wie Paint oder Word einfügen und speichern.

Selbst gemachte Fotos verwenden

Wenn Sie die Fotos für Ihr Buch selbst machen wollen, brauchen Sie sich um Nutzungsrechte an den Fotos keine Sorgen zu machen. Denn indem Sie die Aufnahme erstellen, werden Sie zum Urheber.[29] Achten Sie aber darauf, was auf dem Foto zu sehen ist. Denn durch das, was das Bild zeigt, können unterschiedliche Rechte verletzt werden.

Bei Personenfotos müssen Sie das *Recht am eigenen Bild*, die Privat- und die Intimsphäre der abgebildeten Personen beachten. Lassen Sie sich daher unbedingt eine schriftliche Einwilligung von allen abgebildeten Personen geben. Diese wird als *Model-Release* bezeichnet und sollte so formuliert sein, dass dem Model klar vor Augen geführt wird, wie das Foto verwendet werden soll. Ansonsten riskieren Sie, dass die Einwilligung unwirksam ist und das Model die Veröffentlichung stoppen kann. Für Bilder von Gruppen und Versammlungen, Personen der Zeitgeschichte, Akt- und Leichenfotos gelten besondere Regeln. Es kommt darauf an, in welcher Situation die Person fotografiert wurde und inwieweit damit in die Privat- oder sogar Intimsphäre eingegriffen wird.

Auch bei Sachfotos gibt es einiges zu beachten: Wenn die abgebildete Sache urheberrechtlich geschützt ist, brauchen Sie grundsätzlich eine Lizenz, um das Foto in Ihrem Buch verwenden zu dürfen. Denn das Foto ist eine Kopie des darauf zu sehenden Werkes. Ist das Urheberrecht bereits abgelaufen – wie bei alten Schlössern oder Gemälden –, können Haus- und Eigentumsrechte der freien Nutzung entgegenstehen. Dann benötigen Sie wieder eine Einwilligung – dieses Mal *Property-Release* genannt. Zum Fotorecht ins Detail zu gehen würde den Rahmen dieses Buches sprengen. Wenn Sie mehr zum Thema erfahren möchten, finden Sie am Ende dieses Kapitels einige Literaturhinweise.

Stadtpläne, Landkarten, Computer-Zeichnungen

Ob in Fantasiewelten oder im echten Leben: Karten und Pläne sorgen für Orientierung. Jedoch sind auch Landkarten und Stadtpläne in der Regel urheberrechtlich geschützt. Manche Kartenhersteller verlangen für die Nutzung kein Geld, aber eine Quellenangabe oder andere »Werbung«. Sie benötigen also auch für Karten Nutzungsrechte, um diese im Buch verwenden zu dürfen.

Anders, wenn Sie Zeichnungen mithilfe einer Software selbst erstellen. Um die Software nutzen zu dürfen, brauchen Sie natürlich eine Lizenz. Für die damit geschaffenen Zeichnungen jedoch nicht. Denn diese sind das Ergebnis der Vorgänge, die Sie bei dem Computerprogramm ausgelöst haben. Daran hat der Software-Hersteller kein Urheberrecht. Sie könnten aber wiederum Urheber der Zeichnungen sein, wenn diese kreativ genug sind.

Schriftarten in Büchern

Es kann schnell übersehen werden, dass auch Schriftarten – für Computer auch Fonts genannt – urheberrechtlich geschützt sein können.[30] Zumindest dann, wenn jeder Buchstabe für sich schon ein Kunstwerk ist, wie es bei diesem »S« der Schriftart Medieval Alphabet der Fall sein dürfte.

Buchstabe »S« der Schriftart Medieval Alphabet von Merethe Liljedahl (Lime)

An alltäglichen Fonts wie Arial oder Times besteht kein Urheberrecht. Diese Schriften können aber als deutsches Design, als europäisches oder internationales Geschmacksmuster geschützt sein. In Deutschland muss die Schriftart dafür beim Patent- und Markenamt eingetragen werden. Das Amt prüft dabei jedoch nicht, ob die Schriftart tatsächlich neu ist, also ob sie sich von anderen Schriftarten entscheidend abhebt. Neuheit ist aber gerade der entscheidende Punkt, damit die Schriftart als Design geschützt ist. Bei der Vielzahl an existierenden Schriften ist es für den »Normalverbraucher« daher nahezu unmöglich festzustellen, ob eine Schrift geschützt ist oder nicht. Auch gibt es auf europäischer Ebene Geschmacksmusterschutz ohne Eintragung. Dieser gilt aber nur für drei Jahre.[31]

Wenn Sie auf Nummer sicher gehen wollen, brauchen Sie auch für Schriftarten, die Sie in Ihrem Buch verwenden, eine Lizenz. Diese könnte jedoch schon in der Lizenzvereinbarung für Ihr Textverarbeitungsprogramm enthalten sein. Lesen Sie dort nach und sprechen Sie mit Ihrem Verlag, bevor Sie sich eine Lizenz für Fonts anschaffen. Vielleicht ändert der Verlag die Schriftart noch oder hat selber entsprechende Lizenzen.

Haftung wegen inhaltlicher Fehler

Was sind Sie Ihren Lesern schuldig? Anders gefragt: Welche inhaltliche Qualität sollte Ihr Werk aufweisen, damit Sie keine rechtlichen Probleme bekommen?

Eingestürzt

Ken und Lisa sind frisch verheiratet. Sie hatten sich auf einer Messe für ökologischen Gartenbau kennengelernt und wollen sich nun selbstständig machen. »K + L – Nachhaltiges Gartendesign und mehr« ist ihr Slogan. Um das Geschäft ans Laufen zu bringen, haben die beiden ein kleines Buch veröffentlicht. Unter dem Titel »Aufgeblüht und Durchgeknallt« gibt das Pärchen kreative Tipps zur Gartengestaltung. Dazu gehört auch die von Ken verfasste Bauanleitung für ein Baumhaus, das komplett ohne Schrauben und Nägel gebaut werden kann.

Das Buch war eine gute Idee und sorgte für die ersten Aufträge. Denn Lisa hatte einige Exemplare an Gärtnereien der Umgebung verschenkt. Diese gaben es an gute Kunden weiter und K + L wurden langsam bekannt. Nach drei arbeitsreichen Jahren hat sich das Pärchen gut etabliert. Das Buch haben sie schon fast vergessen, als plötzlich ein Bekannter anruft. Aufgebracht bittet er Ken, zu ihm zu kommen. »Ich habe mich genau an die Anleitung in deinem Buch gehalten«, sagt er und zeigt auf das eingestürzte Baumhaus. »Du hast Glück, dass die Kinder nicht dadrin waren, sonst ...« Nachdenklich gehen die zwei zurück ins Haus und trinken erst mal einen Schnaps.

Als Autor trifft Sie eine Schutzpflicht. Das bedeutet, Sie müssen so sorgfältig arbeiten, dass Leser keinen Schaden erleiden, wenn sie den Angaben in Ihrem Buch folgen. In unserem Beispiel hat Ken die Stärke eines tragenden Balkens falsch angegeben. Dadurch wurde das Baumhaus instabil und stürzte schließlich ab.

Wie viel Aufwand Sie in die Überprüfung und Recherche stecken müssen, hängt davon ab, wie viel Gefahrenpotenzial ein Fehler hat. Bei medizinischen Anweisungen kann bereits ein verrutschtes Komma für die Dosierung zum Tod von Menschen führen. Bei einer Anleitung zum Düngen von Balkonpflanzen wäre der gleiche Fehler wohl kaum der Rede wert. Es gilt daher, je mehr Schaden ein inhaltlicher Fehler anrichten könnte, desto mehr Sorgfalt müssen Sie walten lassen. Stellen Sie daher klar, ob Ihre Angaben gesicherte Kenntnisse oder »nur« Ihre Meinung sind. Verlassen Sie sich auch nicht blind auf Ihre Quellen. Denn Sie haften auch für Aussagen, die Sie sich zu eigen machen.

Soeben Gesagtes mag abschreckend wirken. Und Vorsicht ist sicherlich angebracht. Aber auch der Leser hat seinen Beitrag zur Vermeidung von Schäden zu leisten. Er darf sich nicht »blind« auf das Geschriebene verlassen, muss seinen gesunden Menschenverstand walten lassen und kann kein absolut fehlerfreies Buch erwarten. Dabei spielen Genre und die Qualifikation des Autors eine wesentliche Rolle. Denn wer das Fachbuch eines renommierten Medizinprofessors liest, darf dem mehr Vertrauen schenken als »Omas Hausapotheke« im Selbstverlag.

TIPP: Bitten Sie Ihre Leser mitzudenken, wenn sie Anweisungen aus Ihrem Buch befolgen. Erklären Sie, dass Sie nicht alle Umstände kennen können, unter denen der Leser handelt, und Fehler leider nie ganz ausgeschlossen sind. Das ist fair und wenn es zu einem Schaden kommen sollte, könnte Ihnen dieser Hinweis Vorteile bringen.

Ein solcher Hinweis an den Leser schließt die Haftung aber nicht aus. Dennoch kann er hilfreich sein, wenn es darum geht, wen wie viel Schuld trifft. In Büchern sind »echte« Haftungsausschlussklauseln aus meiner Sicht unwirksam.[32] Weder Autor noch Verlag können sich damit der Verantwortung für die Inhalte des Werkes entziehen. Wenn das möglich wäre, könnte am Anfang eines Buches stehen: *»Ich hafte für nichts.«* Und der Autor könnte dann jegliche Rechtsverletzungen begehen, ohne dafür belangt zu werden. Das geht natürlich nicht. Vielleicht sprechen Sie aber mal mit Ihrer Versicherung, ob die Haftungsrisiken Ihrer Autorentätigkeit versichert werden können.

Persönlichkeitsrechte nicht verletzen

Es sind Personen, die ein Buch spannend machen. Erdachte Persönlichkeiten oder Menschen aus dem wirklichen Leben. Wenn Sie rein fiktiv schreiben, ist das Risiko, Persönlichkeitsrechte zu verletzen, gering. Achten Sie jedoch auf die Namen Ihrer Protagonisten. Denn sollten Sie den Namen einer bekannten Politikerin für die Hauptrolle Ihres Horror-Romans verwenden, kann es große Probleme geben.

Lebende und tote Menschen, Unternehmen und Vereine haben Persönlichkeitsrechte, die verletzt werden können durch:

- Veröffentlichung von Lebensdetails
- Behauptung unwahrer Tatsachen oder von Straftaten
- Verletzung der Ehre
- Zuordnung entwürdigender Handlungen

Diese Liste lässt sich noch lange fortführen. Entscheidend ist jedoch: Weiß der Leser, über wen Sie schreiben? Dabei kommt es auf den durchschnittlich informierten, aufmerksamen Leser an. Es ist daher nicht notwendig, dass die Person direkt mit Namen genannt wird. Oft genügen Andeutungen zur gesellschaftlichen Stellung oder dem Beruf und der Leser weiß, um wen es geht. Es reicht sogar schon, wenn sich das aus den gesamten Umständen des Buches ergibt, obwohl alle Namen geändert wurden.[33]

Ist die Person erkennbar, benötigen Sie deren Einwilligung, es sei denn, Ihre Rechte als Autor auf Kunst- und Meinungsfreiheit werden höher gewichtet als die Persönlichkeitsrechte des Betreffenden. Um dies beurteilen zu können, müssen die Interessen abgewogen werden. Stellen Sie sich dazu folgende Fragen:

- Wie bekannt ist die Person?
- Werden Meinungen oder Tatsachen geäußert?
- Wie groß ist das öffentliche Interesse an den Äußerungen?
- Betreffen die Äußerungen die Privat- oder Intimsphäre?

An diesen Fragen merken Sie schon, dass eine pauschale Aussage nicht möglich ist. Es ist ein Wechselspiel von Grundrechten, mit dem sich sogar Gerichte schwertun und zu unterschiedlichen Entscheidungen kommen. Jeder Fall ist anders, daher gibt es auch keine gesicherten Erkenntnisse dazu, wann die Kunst- und Meinungsfreiheit überwiegt. Sie können aber folgende Tendenzen in Ihre Überlegungen einfließen lassen:

- Je mehr sich eine Person bewusst ins Licht der Öffentlichkeit begibt, desto größere Einschränkungen ihrer Persönlichkeitsrechte muss sie hinnehmen.
- Tatsachen sind beweisbar. Daher fallen sie mehr ins Gewicht als Meinungsäußerungen.
- Je höher das öffentliche Interesse an einer Äußerung, desto mehr können die Persönlichkeitsrechte eingeschränkt werden.
- Je intimer Äußerungen werden, desto weniger darf davon veröffentlicht werden.

Über berühmte Persönlichkeiten zu schreiben ist reizvoll, verspricht hohe Aufmerksamkeit und damit gute Verkaufszahlen. Seien Sie aber vorsichtig. Wenn es um Stars geht, kommen schnell Anwälte ins Spiel und es kann richtig teuer werden. Recherchieren Sie daher die Namen Ihrer Protagonisten und informieren Sie sich eingehend, bevor Sie über andere Menschen, Personengruppen oder Unternehmen schreiben. Hinterlegen Sie Ihre Aussagen mit Beweisen und bewahren Sie diese so lange auf, wie das Buch in der Öffentlichkeit ist.

Auch wenn Sie alle Namen und Handlungen Ihrer Protagonisten frei erfunden haben, kann es zu ungewollten Übereinstimmungen mit der Realität kommen. Geben Sie Ihren Lesern daher folgenden Hinweis: »*Alle in diesem Buch geschilderten Handlungen und Personen sind frei erfunden. Ähnlichkeiten mit real existierenden Personen, Unternehmen und Vereinigungen sind zufällig und nicht beabsichtigt.*« Der Hinweis befreit Sie zwar nicht von der Haftung oder der Pflicht, gewissenhaft zu recherchieren, er kann dennoch hilfreich sein. Denn Ihr Buch wird klar als fiktives Werk wahrgenommen und unter diesem »Vorzeichen« gelesen. Sollten Sie dennoch wegen Persönlichkeitsrechtsverletzungen vor Gericht müssen, könnte das positiv in die Urteilsfindung einfließen. Voraussetzung ist natürlich, dass der Hinweis wahr ist und nicht nur als Deckmantel dient.

Marken im Buchtext

Marken prägen unser Leben. Allgegenwärtig und mächtig. Was liegt also näher, als auch Romanfiguren Porsche fahren und Schuhe von Nike tragen zu lassen. Aber dürfen Sie das? Marken kennzeichnen Waren oder Dienstleistungen und sind mit einem Image verbunden. Das heißt, wer eine Marke sieht, stellt im Kopf eine Verbindung zu einem bestimmten Unternehmen, Qualität und anderen Erfahrungen her. So wird die Kaufentscheidung beeinflusst. Das Markenrecht schützt diesen gedanklichen Vorgang. Im Interesse der Konsumenten, denn wenn jedes Parfüm Chanel No. 5 heißen dürfte, würde niemand mehr wissen, welches das »echte« ist. Und im Interesse der Unternehmen, die Milliarden in ihre Marken stecken und nicht wollen, dass Konkurrenten davon profitieren.

Wenn in Ihrem Buch nun der reiche Medienguru in seinen Bentley steigt, greifen Sie auf das Image der Automarke zurück. Sie setzen also wieder ein »Kopfkino« in Gang. Dieses Mal brauchen Sie dafür aber keine Lizenz. Denn der Schutz einer Marke funktioniert anders als das Urheberrecht. Im Kern will das Markenrecht nämlich erreichen, dass Verbraucher durch die Marke die Herkunft von Produkten klar erkennen können. Dieses Ziel wird nicht beeinträchtigt, indem Sie in Ihrem Buch Marken so verwenden, wie dies im wirklichen Leben geschieht.

Die Zeichen ® und ™

Manchmal werden Marken mit einem hochgestellten »R« oder »TM« gekennzeichnet. Diese Symbole stehen für »Registered Trademark« und »Trademark«. Wenn Marken so bekannt werden, dass sie als Gattungsbegriff verstanden werden, kann der Markenschutz verloren gehen. Um dies zu verhindern, kann der Markeninhaber die Kennzeichnung verlangen. In deutschen Büchern gilt das aber nur für Nachschlagewerke.

Die Kunst- und Meinungsfreiheit erlaubt Ihnen, sich in Büchern kritisch mit Marken auseinanderzusetzen. Dafür dürfen Sie die Marke auch nennen. Ähnlich wie beim Persönlichkeitsrecht ist dann wieder eine Abwägung der Interessen notwendig, dieses Mal zwischen dem Eigentumsrecht an der Marke und der Kunst- und Meinungsfreiheit.[34] Eine Marke mit Schmähkritik in den Dreck zu ziehen gehört nicht zur Meinungsfreiheit. Auch dann nicht, wenn Sie der Meinung sind, das Unternehmen habe Sie übers Ohr gehauen. Eine ausgewogene Darstellung zu ethischen und ökologischen Verpflichtungen unternehmerischer Markenpolitik ist hingegen von der Meinungsfreiheit gedeckt.

Vorsicht ist geboten, wenn Sie den Ruf einer Marke durch Ihr Buch beeinträchtigen. Die Marke einer teuren Hautcreme für stinkendes Hundefutter zu benutzen kann auch in fiktiven Büchern zu Problemen führen. Denn der Inhaber einer Marke – und das sind oft finanzstarke Großunternehmen – kann sich gegen die Herabsetzung und Verunglimpfung seiner Marke zur Wehr setzen. Sie begeben sich daher auf dünnes Eis, wenn Ihr Protagonist seinen Neuwagen, dessen Marke Sie im Buch nennen, aufs Übelste beschimpft, weil die Karre immer wieder stehen bleibt. Bei markenrechtlichen Verfahren ist der Streitwert oft hoch. Dementsprechend teuer wird die Sache. Achten Sie daher bereits beim Schreiben darauf, ob und wie Sie Marken im Buch einsetzen wollen.

Das Strafrecht und Ihr Buch

Zu guter Letzt möchte ich Ihnen auch nicht verheimlichen, dass es möglich ist, durch die Veröffentlichung eines Buches im Gefängnis zu landen. Aber keine Panik, dazu gehört schon einiges.

Folgende Straftaten kommen in Frage:

- Verbreitung von Propagandamitteln (§§ 86, 86a StGB)
- Verunglimpfung / Beschimpfungen (§§ 90 ff., 103 ff., 106 ff. StGB)
- Verbreitung pornografischer Schriften (§§ 184 ff. StGB)
- Beleidigung und Ehrverletzung (§§ 185 ff. StGB)
- Üble Nachrede (§ 186 StGB)
- Strafbare Urheberrechtsverletzungen (§§ 106 ff. UrhG)
- Strafbare Verbreitung von Personenbildern (§ 33 KUG)

Im Strafrecht gelten andere Regeln als bei Marken- und Urheberrechten. Erinnern Sie sich noch an den Fall *»kostenloses Cover-Foto«*? Dort hatte der Fotograf behauptet, Urheber des Cover-Bildes zu sein. Angenommen, er kann das beweisen. Und weil Sie ihm die 5.000 Euro nicht bezahlen, erstattet er Anzeige wegen Urheberrechtsverletzungen. Zehn Tage später sitzen Sie einem Polizeibeamten gegenüber und erzählen, was passiert ist. Werden Sie jetzt auch noch bestraft? Nein, denn schließlich hatten Sie das Foto ja in dem Glauben heruntergeladen, von der Internet-Agentur dafür eine Lizenz zu haben. Es fehlt daher am Vorsatz für die Urheberrechtsverletzung. Diese innere Einstellung zur Tat muss aber gegeben und von der Staatsanwaltschaft zu beweisen sein. Das dürfte nur schwer gelingen, denn es ist ja nicht die Wahrheit. Gut wäre auch hier eine Dokumentation des Download-Vorgangs. Denn damit könnten Sie die strafrechtlichen Vorwürfe entkräften. Ob Sie dennoch Geld an den Fotografen bezahlen müssen, ist damit jedoch nicht geklärt.

Befolgen Sie die Ratschläge dieses Kapitels. Dann bekommen Sie mehr Rechtssicherheit und können unangenehme Folgen vermeiden. Sind Ihnen die rechtlichen Fallstricke nun bewusst? Dann sollten Sie keine Zeit mehr verlieren und Ihr Manuskript jetzt zu Ende schreiben!

Zusammenfassung Kapitel 5: Rechtliche Fallstricke vermeiden

- Wenn Sie mit Ihrem Buch Rechte verletzen, kann dies Abmahnungen, Schadensersatzforderungen, die Vernichtung von Büchern, Geldstrafen und mehr zur Folge haben.
- Urheberrechtsverletzungen sind nicht immer leicht zu erkennen. Denken Sie auch an Liedtexte, Fotos, Stadtpläne und Schriftarten.
- Autoren trifft eine Sorgfaltspflicht. Die Anforderungen daran steigen, je höher der Schaden durch fehlerhafte Informationen sein könnte.
- Bitten Sie Ihre Leser mitzudenken, wenn sie Anweisungen aus Ihrem Buch befolgen. Fehler sind nie ganz ausgeschlossen und als Autor können Sie nicht alle Umstände kennen, unter denen Leser handeln.
- Respektieren Sie die Persönlichkeitsrechte von Personen und Unternehmen, über die Sie schreiben. Eine entsprechende Einwilligung beseitigt das Risiko. Ohne Einwilligung muss zwischen Ihrem Recht auf Meinungs- und Kunstfreiheit und dem Persönlichkeitsrecht der betroffenen Person abgewogen werden.
- Beeinträchtigen Sie den Ruf von Marken nicht, indem Sie Schmähkritik üben oder Marken in abwertendem Zusammenhang verwenden.
- Durch die Veröffentlichung von Büchern können Straftaten wie Beleidigung, üble Nachrede oder Urheberrechtsverletzungen begangen werden.

Links zum Thema

Urheberrechtsgesetz
www.gesetze-im-internet.de/urhg/UrhG.pdf

Kunsturhebergesetz
www.gesetze-im-internet.de/kunsturhg/KunstUrhG.pdf

Markengesetz
www.gesetze-im-internet.de/markeng/MarkenG.pdf

Markenregister beim Deutschen Patent und Markenamt
www.dpma.de

Strafgesetzbuch
www.gesetze-im-internet.de/stgb/StGB.pdf

Literaturhinweise

Recht am Bild; Florian Wagenknecht, Dennis Tölle; dpunkt Verlag, Heidelberg

Recht für Fotografen, Der Ratgeber für den fotografischen Alltag; Wolfgang Rau, Rheinwerk-Verlag, Bonn

Fotorecht, Recht der Aufnahme, Gestaltung und Verwertung von Bildern; Herausgeber: Oliver Castendyk; Erich Schmidt Verlag, Berlin

Praxiskommentar zum Urheberrecht; Wandtke/Bullinger; Verlag: C.H. Beck, München

Urheberrecht; Artur-Axel Wandtke; Verlag: De Gruyter, Berlin

Recht im Verlag; Konstantin Wegner, Dieter Wallenfels, Ulrich Reber, Daniel Kaboth; Verlag: C.H. Beck, München

Marken- und Kennzeichenrecht; Paul Lange; Verlag: C.H. Beck, München

6. Ihr Buch veröffentlichen

Es ist vollbracht. Was als Buchidee begann, liegt nun vor Ihnen: das fertige Manuskript. Formatiert, gestaltet und bereit, veröffentlicht zu werden. Aber geht es Ihnen auch so? Sie haben Ihren Text so oft gelesen und dennoch das Gefühl, irgendetwas fehlt noch, ist falsch oder könnte besser formuliert werden? Das ist normal – schließlich wollen Sie Ihr »Kind« nun hinaus in die weite Welt schicken. Lösen Sie sich davon, es perfekt machen zu wollen. Wenn Sie sorgfältig gearbeitet und auf Fallstricke geachtet haben, ist es nun so weit. Sie können Ihr Werk veröffentlichen.

Bevor Sie aber zur Tat schreiten, sind noch ein paar Dinge zu erledigen: Sie brauchen einen ansprechenden Titel für Ihr Buch und vielleicht ein Pseudonym. Es müssen »Verwaltungsaufgaben« erledigt und das im siebten Kapitel beschriebene Marketing in die Wege geleitet werden.

Was Sie in diesem Kapitel erfahren

- Was Sie beim Titel für Ihr Buch beachten sollten
- Was eine Titelschutzanzeige bewirkt
- Welche rechtlichen Fallen es bei Buchtiteln gibt
- Was Sie bei einem Pseudonym beachten sollten
- Was es mit ISBN und Pflichtexemplaren auf sich hat
- Was die Verwertungsgesellschaft Wort für Sie tun kann

Der Titel für Ihr Buch

Wie soll unser Kind heißen? Für Eltern ist dies eine der schwersten Fragen der Welt. Denn der Name wird das Kind ein ganzes Leben lang begleiten. Das Gleiche gilt für den Titel von Büchern, denn nach der Veröffentlichung »leben« diese manchmal länger noch als wir.

Der Titel Ihres Buches hat eine herausragende Bedeutung für die Vermarktung. Er soll Spannung erzeugen und einprägsam sein. Gute Titel lassen den Leser neugierig werden und nach dem Buch »greifen«. Bei Sachbüchern sollte der Titel prägnant beschreiben, was den Leser erwartet, aber zugleich nicht langweilig wirken. Verlage behalten sich in aller Regel das letzte Wort zum Titel vor. Als Selbstverleger bestimmen Sie diesen selbst. Achten Sie daher auf Folgendes:

Wie der Titelschutz entsteht

Buchtitel dienen der Unterscheidung. Das haben sie mit Marken gemeinsam. Denn auch Titel sollen Verbrauchern die Orientierung erleichtern und für Verlage die Investitionen in Werbung für den Titel ein Stück weit sichern. Anders als bei Marken brauchen Buchtitel nicht in ein Register eingetragen zu werden. Sie sind automatisch mit der Veröffentlichung des Buches geschützt. Voraussetzung dafür ist aber, dass der Titel Unterscheidungskraft besitzt.

Die Titelschutzanzeige

Der Titelschutz entsteht erst durch die Veröffentlichung. Wenn Sie sich schon für einen Titel entschieden haben, Ihr Buch aber noch in der Entstehung ist, gibt es daher ein Risiko. Denn beim Titelschutz gilt: Wer zuerst veröffentlicht, hat den Schutz. Durch eine Titelschutzanzeige können Sie dieses Risiko entschärfen. Beim Börsenblatt für den Buchhandel und anderen Anbietern können Sie den Titel für Ihr Buch veröffentlichen lassen. Die Kosten hierfür liegen zwischen 25 und 60 Euro. Damit ist der Titel für circa sechs Monate geschützt. Innerhalb dieser Zeit müssen Sie aber Ihr Buch veröffentlichen, sonst entfällt der Schutz wieder.

Die Unterscheidungskraft bei Buchtiteln

Unterscheidungskraft bedeutet, dass der Titel nicht bloß den Inhalt des Werkes beschreibt, sondern Individualität aufweist, die ein Buch von den anderen abgrenzt. Dabei kommt es auf das Genre und die übliche Bezeichnung von Büchern dieser Art an. Angenommen, Sie haben ein Buch über Urheberrecht geschrieben und betiteln es mit: »Das Urheberrecht«. Dann hat dieser Titel keine Unterscheidungskraft und ist nicht geschützt. Andere Autoren können also auch hergehen und ihre Sachbücher über Urheberrecht so nennen. Anders könnte es aussehen, wenn es um einen Krimi ginge, in dem sich die Erben eines berühmten Autors gegenseitig ermorden. Für dieses Buch könnte der Titel »Das Urheberrecht« durchaus Unterscheidungskraft haben.

Gerichte haben entschieden, dass der Titel »Pizza & Pasta« für ein Kochbuch genug Unterscheidungskraft hat und geschützt ist.[35] Als nicht geschützt wurde jedoch der Titel »Wellness« für ein Buch mit Gesundheitstipps angesehen.[36] Die Beispiele zeigen, wie fließend die Grenzen sind und dass es immer auf das konkrete Werk und den konkreten Titel ankommt.

Auch Untertitel leisten einen Beitrag zur Unterscheidungskraft. Sie haben weniger Gewicht als der Haupttitel. Dennoch kann es gerade der Untertitel sein, anhand dessen der Leser Ihr Buch von denen anderer Autoren abgrenzt.

Verwechslungsgefahr bei Buchtiteln

Kann Ihr Buchtitel mit Marken, Namen von berühmten Personen, Unternehmen oder anderen Titeln verwechselt werden?

Werden in einem Buchtitel Marken etc. verwendet, liegt der Verdacht nahe, dass damit der Verkauf des Buches gefördert werden soll. Das kann schnell zu den im vorangegangenen Kapitel beschriebenen negativen Folgen führen. Dafür genügt bereits die Gefahr der Verwechselung:

- Ähnelt Ihr Titel einer bekannten Marke oder Firma?
- Ähnelt Ihr Titel einem anderen Titel?
- Auf welche Werkart (Buch, Film, Musik etc.) bezieht sich der andere Titel?
- Auf welches Genre bezieht sich der andere Titel?
- Wie originell, fantasievoll und einprägsam ist der andere Titel?
- Inwieweit ist der andere Titel nur beschreibend?
- Ist ein prägender Teil des anderen Titels identisch?
- Welche Ähnlichkeiten bestehen zu Marken, Firmen und anderen Titeln hinsichtlich Aussprache, Schriftart und Farbe?

Wenn eine Verwechslungsgefahr besteht, ist damit nicht das Ende Ihres Titels besiegelt. Nehmen Sie Kontakt zum Inhaber der Marke oder des Titels auf. Vielleicht können Sie ja eine Vereinbarung treffen. Warum nicht? Denn ein Buch kann ja gute, kostenlose Werbung für die Marke sein. Denken Sie nur daran, sich die Nutzung schriftlich erlauben zu lassen.

Titel recherchieren

Durch eine Titelrecherche finden Sie heraus, ob Verwechslungsgefahr besteht. Suchen Sie nach Marken, Namen, Filmen, Musikstücken, Zeitschriften und natürlich Büchern, die denselben oder einen ähnlichen Titel haben. Googeln Sie und nutzen Sie auch andere Suchmaschinen. Es gibt so viele Marken und Titel, dass eine hundertprozentige Sicherheit nicht erreichbar ist. Diese sichern auch kommerzielle Rechercheunternehmen nicht zu. Denn oft ist unklar, ob ein internationaler Schutz auch in Deutschland gilt und inwieweit andere Werkarten zu berücksichtigen sind.

Folgende Datenbanken enthalten Buchtitel und Marken:

- Datenbank der deutschen Bibliothek: www.ddb.de
- Bücherverzeichnis: www.buchhandel.de
- Verzeichnis lieferbarer Bücher: www.vlb.de
- Deutsche Nationalbibliothek: www.dnb.de
- Deutsches Patent- und Markenamt: www.dpma.de
- EU Intellectual Property Office: www.euipo.europa.eu

Recherchieren Sie auch nach anderen Schreibweisen und Synonymen für Ihren Titel. Ändern Sie die Reihenfolge der Wörter und beziehen Sie Ihren Untertitel mit ein.

Pseudonym oder echter Name

Haben Sie schon einen Künstlernamen? Oder zwei oder drei? Autoren, die in unterschiedlichen Genres unterwegs sind, veröffentlichen gerne unter verschiedenen Pseudonymen. Damit können die Zielgruppen besser angesprochen werden und es gibt eine klare Trennung zwischen den Buchtypen. Wie möchten Sie es handhaben? Hierzu haben Sie sich schon erste Gedanken gemacht, als es im zweiten Kapitel um Ziele ging – siehe Checkliste 1, »Ziele einer Buchveröffentlichung«. Nun ist es Zeit, dazu eine Entscheidung zu treffen.

Die Manga-Fans

Schon als Kind wurde Helmfried wegen seines Namens gehänselt. Sie nannten ihn Helmi und Schlimmeres. Das ist jetzt 45 Jahre her, aber die Narben dieser Zeit sind noch immer nicht verheilt. Helmfried hat einen langweiligen Job, aber in seiner Freizeit zeichnet und schreibt er an einer Reihe von Manga-Comics. Helmfried hätte nie geglaubt, dass sich irgendjemand dafür interessiere. Aber der vierzehnjährige Sohn seiner Nachbarin, der bei ihm ein Computerproblem löste und von den Comics begeistert war, brachte einen Stein ins Rollen. Es fand sich ein Verlag und schon nach einer Woche waren die Mangas vergriffen. Die Szene war regelrecht süchtig nach den Heftchen und die Teenager standen dafür Schlange. Natürlich benutzte Helmfried ein Pseudonym. Sarah Pink fand er sehr nett und der Verlag winkte es in der Eile des Gefechtes durch. Das war ein Fehler. Denn bereits nach zwei Wochen hatten Fans Helmfrieds Adresse ausfindig gemacht und wollten dort Sarah Pink ihre Ehre erweisen. Einem spontanen Facebook-Aufruf folgend, versammelten sich knapp hundert als Manga-Figuren verkleidete Fans vor Helmfrieds Haus. In der Hoffnung, ihre junge Star-Autorin persönlich kennenzulernen, stürmten sie zur Haustür. Als es schellte, war Helmfried gerade im Bad und entfernte sich Rückenhaare. Mit Besuch hatte er nicht gerechnet. Er warf seinen Morgenmantel über, schlappte zur Türe, öffnete sie und …

Sie können sich die Reaktion der Manga-Fans ausmalen. Bei einem Pseudonym ist vieles erlaubt: Namen, die jünger machen, international sind oder einfach nur angenehmer klingen als der echte Name. Sie können sogar das Geschlecht »wechseln«. Behalten Sie aber im Hinterkopf, dass Sie Ihren Lesern vielleicht einmal gegenüberstehen werden. So wie Helmfried seinen Manga-Fans. Wenn Ihr Pseudonym nicht authentisch ist, werden Ihre Leser enttäuscht sein und vielleicht nie wieder ein Buch von Ihnen kaufen.

Die Vor- und Nachteile beim Pseudonym

Wenn Sie Ihr Buch zur Selbstvermarktung nutzen wollen, ist die Entscheidung einfach: Sie wählen den Namen, mit dem Sie auch im Geschäftsleben auftreten. Wenn Ihr Buch erst einmal veröffentlicht ist, können Sie Ihre Entscheidung kaum noch rückgängig machen. Wägen Sie daher die Vor- und Nachteile sorgfältig ab, bevor Sie einen Namen auf das Cover drucken.

Vor- und Nachteile eines Pseudonyms
Gründe für ein Pseudonym • Die Öffentlichkeit erfährt nicht, dass Sie der Autor sind. • Ihr »Image« und Stand in der Gesellschaft bleiben weitgehend unberührt. • Verschiedene Genres können klar getrennt werden. • Das Pseudonym spricht Ihre Zielgruppe besser an als Ihr echter Name. • Ihr echter Name ist zu lang, kompliziert oder schwer auszusprechen. • Sie wollen ein anderes Geschlecht oder Alter »annehmen«. • Ihr echter Name ist als Internet-Domain schon vergeben oder wird durch Personen mit negativem Image beeinträchtigt.
Mögliche negative Folgen • Leser könnten erst recht dazu veranlasst werden, Ihr Privatleben näher zu durchleuchten und nach Ihrer wahren Identität zu forschen. • Lesungen oder andere öffentliche Auftritte können zu einer Enttäuschung der Leser führen, wenn Ihr Pseudonym ein anderes Geschlecht oder Alter vermuten lässt. • Ein Pseudonym bringt zusätzlichen Arbeitsaufwand und rechtliche Risiken mit sich. • Die Laufzeit des Urheberrechts endet bereits 70 Jahre nach der Veröffentlichung, wenn Sie das Pseudonym nicht vorher auflösen.

Schaubild 10: *Pro und Contra – Pseudonym oder echter Name*

Namen haben oft einen religiösen Bezug oder deuten auf bestimmte Kulturkreise hin. Berücksichtigen Sie das bei Ihrer Wahl und orientieren Sie sich an den Zielgruppen für Ihr Buch.

Pseudonym und Recht

Niemand darf Ihnen verbieten, Ihren eigenen Namen zu verwenden. Dieser ist durch das Namensrecht geschützt. Wenn Sie zufällig so heißen wie eine berühmte Autorin, dürfen Sie Ihr Buch trotzdem unter Ihrem echten Namen veröffentlichen. Ein Pseudonym, das dem Namen anderer Autoren oder bekannter Persönlichkeiten entspricht, sollten Sie jedoch nicht wählen. Es genügt auch nicht, den Namen nur leicht zu verändern. Solange der Name auf die Person schließen lässt, riskieren Sie eine Abmahnung und Anwaltskosten. Das Gleiche gilt für Pseudonyme, die Marken oder Unternehmensbezeichnungen ähnlich sind. Denn die Gesetze wollen Verwechselungen vermeiden und einen fairen Wettbewerb schaffen.

Geben Sie Ihrem Pseudonym keine akademischen Grade oder Berufsbezeichnungen, die Sie nicht auch im »wirklichen« Leben führen dürfen. Das ist nicht nur »Betrug« am Leser, sondern auch strafbar.[37] Denn wer seinem Pseudonym unbefugt ein Prof. oder Dr. voranstellt oder sich als Arzt, Rechtsanwalt, Steuerberater etc. bezeichnet, ohne es zu sein, muss mit Geld- oder Freiheitsstrafe rechnen.

Ein Pseudonym ist durch das Namensrecht geschützt, wenn es gewisse Bekanntheit erlangt hat. Dann können Sie sich wehren, sollte ein anderer Autor dasselbe Pseudonym verwenden. Es ist auch möglich, einen Künstlernamen in den Personalausweis eintragen zu lassen. Die Voraussetzungen dafür können Sie beim Einwohnermeldeamt / Bürgerbüro Ihrer Gemeinde erfragen.

Das Pseudonym im Buchimpressum

Bücher und E-Books, die in Deutschland erscheinen, müssen ein Impressum haben. So sehen es die Pressegesetze der Bundesländer vor. Das bedeutet: Name oder Firma und Anschrift des Druckers und des Verlegers müssen im Buch genannt werden. Bei Selbstverlagen sind der Name und die Anschrift des Verfassers oder Herausgebers anzugeben.

Anhand des Impressums soll jeder sehen können, wer für das Buch verantwortlich ist. Daher genügt es nicht, das Pseudonym zu nennen, es sei denn, dieses ist im Personalausweis eingetragen und steht auf dem Briefkasten. Denn nur dann können Sie auch unter Ihrem Pseudonym »offizielle« Post empfangen. Wer im Selbstverlag veröffentlicht, muss also sein Pseudonym bereits im Impressum auflösen und seine Privatanschrift preisgeben. Das wollen viele Autoren nicht. Daher bieten Distributoren und Pseudonym-Dienstleister an, im Impressum des Buches zu stehen und Post weiterzuleiten. Ob Selbstverlage damit die Impressumspflicht erfüllen, ist rechtlich noch nicht geklärt.[38]

ISBN und Pflichtexemplare

Die Abkürzung ISBN steht für *Internationale Standardbuchnummer.* Sie ermöglicht die eindeutige Identifikation eines Buches. Daher bekommt jede Ausgabe (Taschenbuch, Hardcover, E-Book etc.) eine eigene Nummer. Wenn Ihr Werk über Buchhandlungen verkauft werden soll, müssen Sie eine ISBN haben. Verlagsautoren brauchen sich darum nicht zu kümmern. Bei Selbstverlegern kommt es auf den gewählten Vertriebsweg an. Bei manchen Dienstleistern ist die Vergabe der ISBN im Leistungspaket enthalten. Wenn nicht, können Sie sich die Nummer bei der deutschen ISBN-Vergabestelle besorgen. Der Einzelpreis beträgt derzeit 83,30 Euro. Wenn Sie Ihr Buch im eigenen »Book-Shop« oder »nur« über einzelne Internetplattformen vertreiben, brauchen Sie keine ISBN. Die meisten Anbieter vergeben eigene Nummern, um Bücher eindeutig zuordnen zu können.

Zu jeder Buchveröffentlichung gehört es auch, Pflichtexemplare zu versenden. Das gilt für gedruckte Bücher und für E-Books. Diese Aufgabe übernehmen Verlage und je nach Vertrag Internetplattformen und Distributoren. Wenn nicht, müssen Sie das selbst erledigen. An welchen Standort die Ablieferung zu erfolgen hat, hängt von Ihrem Wohnsitz ab. Informationen hierzu finden Sie auf den Internetseiten der Deutschen Nationalbibliothek. Unter der Kategorie »Netzpublikationen« können E-Books direkt hochgeladen und somit abgeliefert werden.

Die Verwertungsgesellschaft Wort

Für Musiker ist es die GEMA – für Autoren die VG Wort. Die GEMA erhebt Gebühren, wenn irgendwo ein Musikstück öffentlich wiedergegeben wird, und verteilt die Einnahmen an die Musiker. Das Gleiche macht die VG Wort für Schriftsteller. Bibliotheken und die Hersteller von Kopiergeräten müssen Abgaben leisten, die nach einem bestimmten Verteilungsschlüssel an Autoren weitergeleitet werden.

Um Ihren Anteil zu bekommen, müssen Sie mit der VG Wort einen Wahrnehmungsvertrag schließen. Dafür fallen Ihnen keine Kosten an. Alle notwendigen Informationen finden Sie auf www.vgwort.de. Sobald Sie freigeschaltet wurden, können Sie Ihr Werk auf der Homepage melden. Danach werden Sie automatisch bei der Verteilung berücksichtigt. Damit Sie auch tatsächlich etwas ausgeschüttet bekommen, muss Ihr Buch ein paar Bedingungen erfüllen. Diese hängen vom Genre ab. Die VG Wort hat bestimmte Termine zur Ausschüttung. Melden Sie sich daher schnell an, sonst sind Sie erst bei der nächsten Runde dabei.

TIPP: Wenn Sie in Ihrem Buch eigene Fotos verwenden, könnte auch die VG Bild-Kunst für Sie interessant sein. Die Verwertungsgesellschaft für Fotografen und Filmurheber arbeitet nach dem gleichen Prinzip wie die VG Wort. Für die Nutzung fotografischer Werke erhebt sie Gebühren und schüttet diese regelmäßig an ihre Mitglieder aus.

Zusammenfassung Kapitel 6: Ihr Buch veröffentlichen

- Buchtitel, die Unterscheidungskraft besitzen, sind nach der Veröffentlichung automatisch geschützt.
- Durch eine Titelschutzanzeige kann der Titelschutz zeitlich vorgezogen werden.
- Achten Sie darauf, dass Ihr Buchtitel nicht mit anderen Titeln, Marken, berühmten Personen oder Unternehmensbezeichnungen verwechselt werden kann.
- Durch ein Pseudonym können Sie Ihr Autorendasein vom Privat- und Berufsleben trennen.
- Wählen Sie ein Pseudonym, das authentisch ist und die Zielgruppen für Ihr Buch anspricht.
- Nutzen Sie kein Pseudonym, das mit anderen Autoren, bekannten Personen, Marken, Titeln oder Unternehmensbezeichnungen verwechselt werden könnte.
- Ihr Buch muss ein Impressum haben. Die Angabe eines Pseudonyms genügt nur, wenn dieses im Personalausweis eingetragen ist und Sie unter Ihrem Künstlernamen Post empfangen können.
- Durch eine ISBN kann Ihr Buch eindeutig identifiziert und in den Handel gebracht werden.
- Von gedruckten Büchern und E-Books müssen Pflichtexemplare an die Deutsche Nationalbibliothek abgeliefert werden. Bei E-Books kann dies online erfolgen.
- Ein Wahrnehmungsvertrag mit der VG Wort kann Ihnen zusätzliche Einnahmen bringen.

Links zum Thema

Markengesetz
www.gesetze-im-internet.de/markeng/MarkenG.pdf

Börsenblatt für den Deutschen Buchhandel
www.boersenblatt.net

Titelschutzanzeiger
www.titelschutzanzeiger.de

Telemediengesetz
www.gesetze-im-internet.de/tmg/TMG.pdf

Deutsche ISBN-Vergabestelle
www.german-isbn.org

Pflichtabgabenverordnung
www.gesetze-im-internet.de/pflav/PflAV.pdf

Deutsche Nationalbibliothek
www.dnb.de

Verwertungsgesellschaft Wort (VG Wort)
www.vgwort.de

Verwertungsgesellschaft für Fotografen und Filmurheber
www.bildkunst.de

Literaturhinweise

Recht im Verlag; Konstantin Wegner, Dieter Wallenfels, Ulrich Reber, Daniel Kaboth; Verlag: C.H. Beck, München

Marken- und Kennzeichenrecht; Paul Lange; Verlag: C.H. Beck, München

7.
Marketing für Ihr Buch

Mit der Veröffentlichung haben Sie Ihr Werk in die weite Welt geschickt. Wem wird es dort begegnen? Noch kennt es niemanden. Ungelesen und eingequetscht von Artgenossen, steht es in staubigen Regalen oder liegt auf kalten, sterilen Festplatten. Das wird sich ändern! Denn jetzt wird verkauft – mit Schwung und Kreativität.

Für Selbstverleger ist die Buchvermarktung eine der wichtigsten Aufgaben. Verlagsautoren können die Sache ruhiger angehen lassen, denn die Vermarktung ist Aufgabe des Verlages. Zum Marketing gibt es viel Literatur. Daher konzentriert sich dieses Kapitel auf Marketinginstrumente für Bücher und weist auf rechtliche Fallen hin. Diese sind nicht immer leicht zu erkennen, denn beim Marketing spielt nun auch das Wettbewerbsrecht eine entscheidende Rolle.

Was Sie in diesem Kapitel erfahren

- Was ein Marketing-Konzept für Bücher beinhaltet
- Welche Marketinginstrumente es für Bücher gibt
- Welche Vor- und Nachteile die Instrumente haben
- Was Sie bei Ihrer Autoren-Homepage beachten sollten
- Worauf Sie bei Social Media achten sollten
- Welche rechtlichen Fallstricke es beim Marketing gibt

Wege der Buchvermarktung

Das Ziel ist klar: Marketing soll dafür sorgen, dass Ihr Buch gekauft wird. Aber wie bekommen Sie das hin? Die ersten Schritte haben Sie schon getan: Sie kennen Ihre Zielgruppen und haben sich beim Schreiben an deren Bedürfnissen orientiert. Auch haben Sie schon einen passenden Titel. Das sind gute Grundlagen für ein erfolgreiches Marketing-Konzept.

Die Kaufentscheidung wird sehr stark vom äußeren Erscheinungsbild des Buches beeinflusst. Ihr Cover spielt daher eine ganz zentrale Rolle. Es muss Ihre Zielgruppe sofort ansprechen, denn der erste Blickkontakt ist selten länger als eine Sekunde. In dieser kurzen Zeit fällt die Entscheidung, ob Ihr Werk näher betrachtet oder liegengelassen wird. Für das Cover-Design können Sie auf Ihre Erfahrungen bei der Wahl des Buchtitels zurückgreifen. Hinzu kommen gestalterische Elemente wie Formen, Farben, Fotos und die Anordnung des Textes.

Wenn das Cover Interesse geweckt hat, kommt die Buchbeschreibung zum Einsatz. Diese steht auf der Rückseite, als Klappentext auf dem Umschlag oder unter dem Abbild Ihres Covers im Online-Shop. Die kurze Beschreibung Ihres Werkes ist eine hervorragende Gelegenheit, um den Leser von Ihrem Werk zu überzeugen. Erzeugen Sie Spannung und Interesse. Verraten Sie aber nicht zu viel, denn schließlich wollen Sie ja verkaufen.

Titel, Cover und Klappentext beeinflussen die Kaufentscheidung direkt. Sie sind daher die Eckpfeiler des Buch-Marketings. Bevor potenzielle Leser aber überhaupt eine Kaufentscheidung treffen können, müssen sie wissen, dass es Ihr Buch gibt. Das hört sich banal an, ist aber eine der wichtigsten Aufgaben der Buchvermarktung. Denn was nützt Ihnen das beste Buch, wenn niemand von dessen Existenz weiß? Es gibt viele Wege, um Ihr Werk bekannt zu machen. Einige davon zeigt das folgende Schaubild:

Vermarktungswege für Bücher

Eigene Vermarktungswege (Owned Media)

- Die eigene Homepage (Autorenhomepage, Homepage fürs Buch)
- Social Media (Facebook, Twitter, Instagram etc.)
- E-Mail-Newsletter
- Der eigene Blog
- Werbetexte für Buchrücken oder Online-Shops
- Lesungen (online, in der Stadtbücherei oder an besonderen Orten)
- Online-Kurse zum Buch
- Gastbeiträge für Blogs oder andere Internetseiten
- Leserunden abhalten (Social Reading)
- Teilnahme an Internet-Foren
- Pressemitteilungen
- Das eigene Werk in Buchhandlungen vorstellen
- Für Fans ein alternatives Ende zum Buch schreiben

Verdiente Vermarktungswege (Earned Media)

- Rezensionen von Bloggern, Kritikern etc.
- Bewertungen in Online-Shops
- Literaturwettbewerbe gewinnen
- Presseberichte
- Interviews

Bezahlte Vermarktungswege (Paid Media)

- Anzeigen (Print und online)
- Verschenk- und Preisaktionen
- Plakate und Flyer
- Teilnahme an Buchmessen
- Verlosungen und Gewinnspiele für Leser veranstalten
- Leseproben im Minibuch-Format verschenken
- Werbegeschenke (bedruckte Lesezeichen, Luftballons, Süßigkeiten etc.)
- Visitenkarten

Schaubild 11: *Vermarktungswege mit Marketinginstrumenten*

Jeder Vermarktungsweg bietet konkrete Maßnahmen. Diese werden als Marketinginstrumente bezeichnet. Welche davon wollen Sie einsetzen? Die Entscheidung ist nicht einfach. Daher hier ein Blick auf die Vor- und Nachteile:

Eigene Vermarktungswege (Owned Media)

Die eigenen Vermarktungswege sind angenehm. Denn sie unterliegen Ihrer Kontrolle und kosten wenig. Das beste Beispiel hierfür ist die Autoren-Homepage. Sie bestimmen – im rechtlich zulässigen Rahmen natürlich –, was auf Ihren Internetseiten steht. Das kann Werbung für Ihr Buch sein, Ihre Vita oder ein nettes Gästebuch, in dem sich Fans verewigen. Leser wissen aber, dass die Informationen von Ihnen kommen und der Vermarktung dienen.

Verdiente Vermarktungswege (Earned Media)

Bei den verdienten Vermarktungswegen ist das anders. Rezensionen und Bewertungen werden von »neutralen Dritten« verfasst und genießen daher besonderes Vertrauen bei den Lesern. Das macht sie zu wertvollen Marketinginstrumenten, die weder gekauft noch kontrolliert werden können.

Bezahlte Vermarktungswege (Paid Media)

Bei den bezahlten Vermarktungswegen bestimmen Sie, wie Ihr Buch dargestellt werden soll. Paid Media sind schnell und nahezu unbegrenzt verfügbar – kosten aber Geld. Und ob sich die Investition in eine Maßnahme gelohnt hat, erfahren Sie erst, wenn das Geld schon ausgegeben ist. Vielleicht aber auch nie, denn Verkaufszahlen einer konkreten Marketingaktion zuzuordnen ist selten möglich.

Setzen Sie ein realistisches Limit für Ihre Marketing-Ausgaben. Entscheiden Sie erst dann, mit welchen Marketingmaßnahmen Sie Ihr Buch verkaufen wollen. Sonst laufen Sie Gefahr, auf Verlusten sitzen zu bleiben.

Wettbewerbsrecht beim Buchmarketing

Wenn Sie Marketing für Ihr Buch betreiben, befinden Sie sich im Wettbewerb mit Ihren Konkurrenten. Achten Sie daher bei jeder Maßnahme darauf, nicht gegen das Wettbewerbsrecht zu verstoßen. Das bedeutet:

- Betreiben Sie keine irreführende Werbung.
- Behindern Sie Ihre Mitbewerber nicht gezielt.
- Werben Sie nicht per E-Mail, ohne dass eingewilligt wurde.
- Setzen Sie Mitbewerber nicht herab.
- Täuschen Sie Leser nicht durch Nachahmung von Mitbewerbern.
- Verbreiten Sie keine unwahren Tatsachen über Mitbewerber.
- Machen Sie keine Schleichwerbung.

Wenn Sie mit Ihrer Werbung gegen ein Markenrecht verstoßen, haben Sie gleich zwei Probleme: Der Markeninhaber kann gegen Sie wegen Markenrechtsverletzung und Ihre Konkurrenten wegen Wettbewerbsverstößen vorgehen. Denn wer unerlaubt eine Marke benutzt, beeinträchtigt damit auch den Wettbewerb. Das Gleiche gilt, wenn Sie gegen Urheber-, Namens- und Persönlichkeitsrechte verstoßen – und das kann manchmal schnell gehen.

Alle Rechte vorbehalten

Endlich ist die Homepage fertig. Viele lange Nächte hatte Luise an ihrer Autorenseite gebastelt. Texte erstellt, ein Logo kreiert und sogar ein paar Fotos aus dem Internet eingefügt – alle mit Lizenz, versteht sich. Nachdem Freunde und Familie alles für gut befunden hatten, stellte Luise die Seite online. Und weil sie ja so viel Arbeit investiert hatte, steht im Impressum: »Die Rechte an allen Inhalten liegen bei der Betreiberin der Seite«.

Urheberrechtsvermerke finden sich auf vielen Internetseiten. Wie Sie noch aus dem ersten Kapitel wissen, entsteht das Urheberrecht auch ohne den Vermerk. Er ist daher nicht nur unnötig, sondern kann sogar unangenehme Folgen haben, wenn er – wie in unserem Beispiel – falsch ist. Luise hat nicht alle Rechte an den Inhalten der Seite. Denn für die Fotos aus dem Internet hat sie nur eine einfache Nutzungslizenz. Die übrigen Rechte an den Bildern stehen anderen zu. Der Urhebervermerk kann daher als irreführende Werbung und Anmaßung des Urheberrechtes gesehen werden und zu Abmahnungen führen.[39]

Marketinginstrumente für Bücher

Das elfte Schaubild zeigt einige Marketinginstrumente. Daraus können Sie sich einen bunten Marketingmix erstellen. Autoren-Homepage und die Teilnahme an sozialen Netzwerken sind heute fast schon Standard. Aber auch eine Lesung im dunklen Weinkeller oder Online-Seminare zum Buch können Erfolg bringen. Welche einzelnen Marketinginstrumente sinnvoll sind, hängt vom Genre und Ihren Zielgruppen ab.

Die Autoren-Homepage

Das Design von Autoren-Seiten orientiert sich oft am Cover des Buches. Wenn die gleichen Farben, Formen und Schriftarten verwendet werden, kommt es zu einem Wiedererkennungseffekt. Wer das Buch kennt, weiß sofort, dass er richtig ist. Und wer das Buch noch nicht gekauft hat, wird es im Buchladen schneller finden, da es der Homepage ähnelt.

Auf Ihrer Autoren-Homepage können Sie sich und Ihre Werke beschreiben und Lesern Hintergrundinformationen bieten. Zeigen Sie einen Trailer zum Buch oder Fotos von den Handlungsorten und setzen Sie einen Link, sodass Ihr Buch direkt in einem Online-Shop bestellt werden kann. Sie können auch ein Gästebuch erstellen, Ihr Buch kommentieren lassen oder Leser zu einer virtuellen Reise einladen. Ihrer Kreativität sind kaum Grenzen gesetzt – nur durch das liebe Recht.

Rechtsverstöße durch die Autoren-Homepage

Nach der bisherigen Lektüre dieses Buches wird es für Sie selbstverständlich sein. Aber weil die Folgen von Rechtsverstößen sehr teuer werden können, sage ich es auch an dieser Stelle: Verstoßen Sie mit Ihren Internetseiten nicht gegen Urheber-, Marken-, Namens-, Persönlichkeits- und Wettbewerbsrechte. Dokumentieren Sie alle Lizenzen und Einwilligungen, die Sie für Ihren Web-Auftritt brauchen. Dies gilt auch, wenn Sie eine Rezension in Ihre Internetseiten einbinden wollen. Denn Buchbesprechungen sind urheberrechtlich geschützte Werke, für deren Nutzung Sie eine Lizenz brauchen.

Impressum für die Autoren-Homepage

Internetseiten, mit denen Sie den Verkauf Ihrer Bücher fördern, sind nicht privat. Daher müssen sie ein Impressum haben. Wie dieses auszusehen hat, steht in § 5 Telemediengesetz. Im Internet gibt es aber auch »Impressumsgeneratoren«, die Ihnen den HTML-Code für Ihre Homepage kostenlos erstellen. Im Impressum muss Ihr echter Name stehen. Ein Pseudonym genügt nicht, es sei denn – wie beim Buchimpressum bereits erwähnt –, Ihr Künstlername ist im Personalausweis eingetragen und steht auf Ihrem Briefkasten.

Das Impressum muss von jeder Seite Ihres Internetauftritts leicht auffindbar sein. Das gilt auch, wenn die Homepage mit einem handelsüblichen Tablet oder Smartphone aufgerufen wird. Wenn Ihre Homepage in mehreren Sprachen verfasst ist, muss auch das Impressum übersetzt werden.

Haftungsausschluss / Disclaimer

Für eigene Inhalte Ihrer Autoren-Homepage können Sie die Haftung nicht ausschließen. Wenn Sie ein Forum betreiben oder Gastbeiträge auf Ihrer Internetseite zulassen, können Sie darauf hinweisen, dass der jeweilige Verfasser dafür verantwortlich ist. Das entbindet Sie aber nicht von der Pflicht, offensichtliche Rechtsverstöße sofort und alle anderen Verstöße unverzüglich nach Bekanntwerden zu beseitigen.

Datenschutz und Cookies

Sobald auf Ihren Internetseiten personenbezogene Daten erhoben werden, brauchen Sie eine Datenschutzerklärung. Darin müssen Sie den Nutzern mitteilen, welche Daten zu welchem Zweck erhoben, verarbeitet und weitergegeben werden. Sie brauchen daher eine Datenschutzerklärung, wenn auf Ihrer Homepage ein Like-Button von Facebook oder Links zu anderen Social-Media-Seiten sind. Denn durch einen Klick auf »Like« werden personenbezogene Daten des Nutzers an Facebook übertragen. Das Gleiche gilt, wenn Sie Google Analytics einsetzen. Geben Sie an, wie lange die Daten bei Ihnen bleiben und dass der Nutzer Widerspruchsmöglichkeiten hat. Die Datenschutzerklärung muss verständlich formuliert und leicht erreichbar sein.
Wenn Sie Bücher über Ihre Homepage verkaufen und dafür Name, Anschrift und E-Mail-Adresse benötigen, müssen Ihre Kunden nicht in die Datenverarbeitung einwilligen. Das ist anders, wenn Sie Daten erheben, die nicht für die Bestellung notwendig sind. Für die Frage nach persönlichen Interessen oder der Telefonnummer brauchen Sie daher eine Einwilligung. Diese sollten Sie protokollieren. Speichern Sie dafür den Text der Einwilligung, Datum, Uhrzeit und die IP-Adresse des Nutzers, der eingewilligt hat. Richten Sie dafür das Online-Bestell-Formular so ein, dass Ihnen automatisch eine E-Mail mit diesen Informa-

tionen und der Dokumentation, dass im Formular ein Häkchen bei »Einwilligung« gesetzt wurde, gesendet wird.

Sie sind verpflichtet, die personenbezogenen Daten gegen unbefugten Zugriff zu schützen. Lassen Sie die empfangenen Daten nicht einfach so auf dem »Familien-PC«. Legen Sie ein Zugangspasswort fest oder speichern Sie die Daten auf einen USB-Stick, den Sie unter Verschluss halten. Ein besonderer Schwachpunkt ist die Datenübertragung. Findige Hacker können auf dem Weg vom Nutzer zu Ihnen Informationen abfangen, ohne dass Sie es merken würden. Mit Verschlüsselungsverfahren wie SSL und TLS können Sie dem »Datenklau« entgegenwirken. Diese können Sie über den Webhosting-Provider Ihrer Homepage oder direkt bei den Anbietern von Verschlüsselungszertifikaten bestellen. Die Kosten hierfür variieren stark, da bei einigen Dienstleistern auch Versicherungsleistungen und die Nutzung von Gütesiegeln inbegriffen sind.

Beim Datenschutz sind auch Cookies zu beachten. Das sind kleine Dateien, die beim Surfen im Internet auf dem Computer des Nutzers gespeichert werden. Sie enthalten Informationen zu besuchten Webseiten und anderen Aktivitäten im Netz. Wenn durch Cookies personenbezogene Daten erhoben werden, ist eine Einwilligung notwendig. Klären Sie daher, ob Ihre Homepage Cookies verwendet und welche Daten dabei genutzt werden. Die Datenschutzbestimmungen zu Cookies sind auf europäisches Recht zurückzuführen. Hier ist noch vieles unklar. In manchen Ländern ist die Einwilligung für alle Cookies Pflicht. Daher verwenden viele Internetseiten vorsorglich einen »Cookie-Banner« mit folgendem Text: »*Auf diesen Internetseiten werden Cookies verwendet. Indem Sie fortfahren, stimmen Sie der Nutzung von Cookies zu.*« Der Banner erscheint beim ersten Aufruf der Webseite. Er enthält einen Link zur Datenschutzerklärung und die Möglichkeit zur Einwilligung.

Newsletter

Eine Einwilligung brauchen Sie auch, um Ihre Leser mit einem Newsletter »versorgen« zu dürfen. Diese wird in der Praxis in zwei Schritten erteilt. Erst trägt der Nutzer seine E-Mail-Adresse auf der Internetseite ein und bestätigt, den Newsletter erhalten zu wollen. Danach wird eine E-Mail mit Bestätigungslink an die Adresse geschickt. Erst wenn dieser geklickt wird, erfolgt die Aufnahme in den Verteiler. So wird verhindert, dass »Fremde« die E-Mail-Adresse missbrauchen und den wahren Inhaber mit ungewollten Informationen belästigen.

Mit einem Newsletter können Sie Ihre Leser über Ihr neustes Werk, den aktuellen Fortschritt Ihres Textes und andere themenbezogene Neuigkeiten informieren. So bleiben Sie im Gedächtnis. Dabei müssen Sie sich nicht auf farblose E-Mail-Texte beschränken. Ein gut gestaltetes PDF-Dokument, das als Anhang versendet wird, kann viel ansprechender sein. Schreiben Sie aber wirklich nur, wenn es etwas Neues zu berichten gibt. Ansonsten wird Ihr Newsletter schnell wieder abbestellt. Für die Abmeldung müssen Sie im Newsletter eine Möglichkeit vorsehen. Am einfachsten ist ein Link. Vergessen Sie auch nicht, sich klar als Absender erkennen zu geben und das Impressum zu verlinken.

Domain der Autoren-Homepage

Die Domain ist Ihre Adresse im großen, weiten Internet, so wie www.Recht-für-Autoren.de, wo Sie übrigens die Checkliste: »Rechtliches zur Autoren-Homepage« herunterladen und ausfüllen können. Für Ihre Autoren-Homepage bieten sich in erster Linie Ihr Name, Ihr Pseudonym oder der Buchtitel an. Mittlerweile können auch Domains mit Umlauten registriert werden und die Anzahl der Domain-Endungen (Top-Level-Domain) ist erheblich erweitert worden.

Beispiele für »kreative« Domain-Endungen	
• .art – für Künstler • .author – für Autoren • .book – für Buchtitel • .city – für »Stadt-Autoren« • .cool – für neue Trends • .deals – für Sonderangebote	• .fans – für Ihre Fans • .gratis – für Geschenkaktionen • .name – für Namen • .new – für Neuigkeiten • .website – für Internetseiten • .xyz – für universelle Zwecke

Schaubild 12: *Mögliche Top-Level-Domains für eine Autoren-Homepage*

Sollte Ihre Wunsch-Domain als ».de« nicht mehr frei sein, ist vielleicht eine Alternative für Sie dabei. Wenn Ihr Werk einen lokalen Bezug hat, könnte auch der Name Ihrer Stadt oder Region als Domain-Endung interessant sein. Wie wäre es mit ».nrw«, ».koeln« oder vielleicht ».tokyo«? Ausgefallene Domain-Endungen sind teurer und noch nicht so bekannt wie die Klassiker ».de« oder ».com«. Auf dem »Domain-Markt« ist noch viel Bewegung. Prüfen Sie daher vor der Registrierung, ob Sie dazu berechtigt sind. Mache Domainendungen sind nur für bestimmte Nutzerkreise bestimmt. Lesen Sie daher die Registrierungsbedingungen und achten Sie wieder auf Marken- und Namensrechte. Denn diese können sogar verletzt sein, wenn die Domain ähnlich geschrieben wird.

Mittlerweile haben Internet-Domains im Wirtschaftsleben eine herausragende Bedeutung erlangt. Daher gibt es immer wieder Streit. Vor allem, wenn Unternehmen und Privatpersonen denselben Namen haben, öffentliche Einrichtungen betroffen sind oder eine Verwechslungsgefahr besteht. Ob eine ».de«-Domain bereits vergeben ist, können Sie durch eine Whois-Abfrage unter www.denic.de in Erfahrung bringen. Das ist kostenlos. Auch bei Domain-Streitigkeiten sollte die DENIC Ihre erste Anlaufstelle sein. Denn dort finden Sie wichtige Informationen und die notwendigen Formulare.

Rechtliches zur Autoren-Homepage

Rechtsverletzungen

Keine Verletzung von:

Urheberrechten	☑
Marken- und Kennzeichnungsrechten	☑
Namensrechten von Personen, Personengruppen und Unternehmen	☑
Persönlichkeitsrechten	☑
Wettbewerbsrechten	☑

Impressum

Was beim Impressum zu beachten ist:

Impressum ist leicht erreichbar (max. zwei Klicks)	☑
Impressum ist auf allen gängigen Internetbrowsern sichtbar	☑
Impressum ist dauerhaft und ständig verfügbar	☑
Impressum ist in der Sprache der Homepage verfügbar	☑
Name, Anschrift, Kontaktmöglichkeiten sind aufgeführt	☑
Weitere Informationen, die von § 5 Telemediengesetz gefordert werden	☑

Datenschutzerklärung und Cookies

Was die Datenschutzerklärung enthalten sollte:

Welche Daten erhoben werden	☑
Welchen Zweck die Erhebung der einzelnen Daten hat	☑
Welche Daten an Dritte übermittelt werden	☑
Was für die Datensicherheit getan wird	☑
Welche Ansprüche und Möglichkeiten der Nutzer hat	☑
Welchen Stand die Datenschutzerklärung hat und seit wann sie gilt	☑
Welche Cookies verwendet werden	☑
Wurde ein Cookie-Banner gesetzt?	☑

Wahl der Domain

Keine Verletzung von:

Registrierungsvorgaben für Top-Level-Domains	☑
Marken- und Kennzeichnungsrechten	☑
Namensrechten von Personen, Personengruppen und Unternehmen	☑
Geschützten Buchtiteln	☑

Checkliste 4: *Rechtlich zu beachten bei einer Autoren-Homepage*

Social Media Marketing

Bei der Vermarktung über Facebook, Google+, Twitter, Xing, LinkedIn oder Instagram rücken Sie näher an Ihre Leser heran. Die eigene Homepage kommuniziert häufig nur in eine Richtung: von Ihnen zum Leser. Bei Social Media können Leser am Geschehen teilhaben, mit Ihnen kommunizieren und sich untereinander austauschen. Indem Sie »zuhören«, lernen Sie viel über Ihre Zielgruppen. Das kostet Zeit, gibt Ihnen aber die Möglichkeit, mit potenziellen Käufern direkt in Kontakt zu treten. Seien Sie kreativ und versorgen Sie Ihre Leser mit interessanten Neuigkeiten. Dann bleiben Sie im Gespräch und Ihr Buch wird bekannt.

Indem Sie sich bei Facebook & Co. registrieren, erkennen Sie die Nutzungsbedingungen an. Wenn Sie dagegen verstoßen, kann Ihr Zugang für bestimmte Zeit gesperrt oder ganz gelöscht werden. Ansonsten bestehen in rechtlicher Hinsicht wenig Unterschiede zur Autoren-Homepage. Sie brauchen ein Impressum, haften für eigene Inhalte und dürfen die Rechte von anderen nicht verletzen. Für Ihren Nutzernamen (Account) gelten die gleichen Grundsätze wie für Domains.

Wenn Ihnen ein Kommentar auf Ihrer Facebook-Seite nicht passt, dürfen Sie diesen löschen. Rechtlich spricht nichts dagegen, denn die Nutzungsbedingungen sehen das vor. Was Leser davon halten, wenn Sie negative Kritik an Ihren Büchern schon im Keim ersticken, ist eine andere Frage. Sie sollten sich auch keine Fans oder positiven Kommentare »erkaufen«. Wenn das bekannt wird, erleiden Sie einen erheblichen Image-Schaden und Sie können wegen wettbewerbswidrigen Verhaltens abgemahnt werden.[40] Denn der Wettbewerb wird verzerrt, wenn jemand einen scheinbar neutralen Kommentar schreibt. Dabei spielt es keine Rolle, ob dafür mit Geld, einem Freiexemplar vom Buch oder anderen Vorteilen bezahlt wurde.

Online-Kurse zum Buch

Für Sachbuchautoren bieten Web-Seminare – auch Webinare genannt – eine gute Möglichkeit, mit Lesern in Kontakt zu treten. Das kann ein Video auf YouTube sein, in dem Sie Ihr Buch zusammenfassen und zusätzliche Tipps geben. Oder professionell über darauf spezialisierte Anbieter. Diese kündigen Ihr Seminar auf verschiedenen Kanälen an und unterstützen Sie bei der Durchführung.

Durch die Veranstaltung von Webinaren können Sie sich eine weitere Einnahmequelle erschließen. Sie haben sich Wissen angeeignet, um Ihr Buch zu schreiben. Warum dieses nicht auch vor der Kamera präsentieren? Behalten Sie dabei im Hinterkopf, dass es ein Fernunterrichtsschutzgesetz gibt und Sie unter Umständen eine Zulassung brauchen.

Bei Online-Kursen, die in Echtzeit gegeben werden, können Teilnehmer Fragen stellen. Das ist eine besondere Herausforderung. Sie stehen im »Rampenlicht« und wollen sich von Ihrer besten Seite präsentieren. Dennoch – seien Sie lieber ehrlich, wenn Sie etwas nicht wissen. Das ist besser, als eine falsche Antwort zu geben und dafür haften zu müssen. Sie können die Frage nach dem Seminar klären und die Antwort nachreichen.

Besondere Vorsicht gilt bei rechtlichen Fragen. Wenn Sie in einem Online-Seminar eine konkrete rechtliche Frage beantworten, ist das Rechtsberatung. Daher riskieren Sie Abmahnungen, Bußgelder und Schadensersatzforderungen, wenn Sie nicht dazu berechtigt sind. Unser Rechtssystem ist kompliziert und eine falsche Rechtsauskunft kann erhebliche Schäden anrichten. Daher dürfen – von einigen Ausnahmen abgesehen – nur Volljuristen rechtlich beraten. Auch bei einem kostenlosen Online-Seminar dürfen Sie keine Rechtsberatung vornehmen. Es sei denn, Sie handeln unter Anleitung eines Volljuristen oder halten das Seminar nur für Ihre Familie oder Nachbarschaft.

Lesungen abhalten

Wie wäre es mit einer Lesung – auf Burg Satzvey – nachts um zwölf, bei Kerzenschein? Oder in einer Berghütte nach einem gemeinsamen Aufstieg mit Ihren Lesern. Wenn es zum Buch passt – warum nicht? Vielleicht möchte die Lokalpresse sogar darüber berichten und Sie bekommen kostenlose »Werbung«. Verlagsautoren sollten Vorlesungen nicht auf eigene Faust organisieren. Holen Sie den Verlag mit ins Boot. Der kann vielleicht ein paar Tipps geben und Sie laufen nicht Gefahr, gegen den Verlagsvertrag zu verstoßen.

Sie werden nicht zum Gewerbetreibenden, wenn Sie nach der Lesung Ihre Bücher verkaufen. Das gehört zum Leben freiberuflicher Autoren dazu. Sie dürfen auch Bestellungen entgegennehmen und kleine Werbegeschenke verteilen. Denken Sie aber an die Buchpreisbindung. Die Lesung ist keine private Veranstaltung. Sie verkaufen geschäftsmäßig an Endabnehmer. Daher müssen Sie denselben Preis wie Buchhandlungen verlangen.[41]

Verschenk- und Preisaktionen

Indem Sie E-Books verschenken oder besonders günstig anbieten, verbessern Sie deren Bekanntheit und Ranking. Verschenk- und Preisaktionen werden von den meisten Online-Händlern angeboten, jedoch zeitlich begrenzt. Grund dafür ist, dass der Händler ja von Verkaufserlösen profitieren möchte. Details hierzu finden Sie in den Nutzungsbedingungen des Anbieters.

Sie verstoßen nicht gegen die Buchpreisbindung, indem Sie Bücher verschenken oder deren Preis reduzieren. Voraussetzung ist aber, dass der Preis bei jedem Vertriebsweg gleich ist. Wenn Sie Ihr E-Book bei Amazon für 99 Cent anbieten, darf es bei Thalia nicht 2,99 Euro kosten. Verstöße gegen die Buchpreisbindung können zu Unterlassungs- und Schadensersatzansprüchen führen, die oft hohe Anwaltskosten mit sich bringen.

Verlosungen und Gewinnspiele

Machen Sie Ihre Leser zu Gewinnern! Über Facebook und andere soziale Netzwerke ist es recht einfach, etwas zu verlosen. Ihre Fangemeinde wird es Ihnen danken und Sie weiter empfehlen. Dadurch fördern Sie den Verkauf Ihrer Bücher indirekt und vergrößern die Reichweite Ihres Marketings.

Der Ablauf von Gewinnspielen ist in den Nutzungsbedingungen der jeweiligen Anbieter geregelt. Achten Sie darauf, keinen Geldeinsatz für die Teilnahme zu verlangen. Dann handelt es sich nämlich um ein verbotenes Glücksspiel. Es ist aber in Ordnung, die Teilnahme davon abhängig zu machen, dass ein »Like« vergeben wird.[42] Die Teilnahmebedingungen müssen transparent und klar angegeben werden. Sie sollten Folgendes beinhalten:

- Voraussetzungen für die Teilnahme
- Wer veranstaltet das Gewinnspiel?
- Wann ist Einsendeschluss und wie lange läuft die Aktion?
- Wie werden die Gewinner ermittelt?
- Was ist der Gewinn?
- Wie werden die Gewinner benachrichtigt?

Sobald das Gewinnspiel läuft, können Sie die Teilnahmebedingungen nicht ohne Weiteres ändern. Das wäre nicht nur unfair, sondern kann auch zu wettbewerbsrechtlichen Problemen führen.

TIPP: Kennzeichnen Sie das Gewinnspiel als »Werbung« oder »Anzeige«, wenn Sie Produkte von Sponsoren verlosen. Damit trennen Sie es von redaktionellen Inhalten und müssen sich nicht dem Vorwurf der Schleichwerbung aussetzen.

Den richtigen Zeitpunkt erwischen

Veröffentlichen Sie Ihre Weihnachtsgeschichte nicht zu Ostern! Für manche Bücher ist der Veröffentlichungszeitpunkt ganz entscheidend. Die Erstveröffentlichung ist einmalig. Sie sollte daher durch Marketingmaßnahmen vorbereitet und der »große Tag« sorgfältig ausgewählt werden. Gibt es bestimmte Ereignisse oder Tage, die eine Verbindung zu Ihrem Buch haben?

- Jahrestag einer Person, Musik-Band, Erfindung etc.
- Weihnachten, Ostern, Muttertag, Reformationstag etc.
- Messen zum Thema des Buches
- Naturereignisse: Sonnenfinsternis, Vulkanausbrüche etc.
- Jahrestag von Ereignissen: Fukushima, 9/11, Kriege etc.
- Populäre Sportereignisse: Olympia, Weltmeisterschaften etc.
- Geburts- oder Todestage berühmter Personen

Gutes Marketing zeichnet sich dadurch aus, die Instrumente zum richtigen Zeitpunkt einzusetzen. Planen Sie daher, wann Sie welche Maßnahmen ergreifen wollen. Überprüfen Sie dann deren Erfolg und passen Sie Ihre Strategie gegebenenfalls an. Durch Social Media können Sie Ihre Leser schon in den Entstehungsprozess Ihres Buches einbinden. Lassen Sie doch online darüber abstimmen, wo Ihr nächster Roman spielen oder wie der Protagonist heißen soll. Dann identifizieren sich Ihre Leser mit dem Werk und werden so zu treuen Fans.

Mit dem Marketing hat Ihr Buchprojekt die letzte Phase erreicht. Es endet aber nicht. Denn Bücher mit echter Klasse begeistern Generationen. Sie lassen den Alltag vergessen und öffnen uns die Augen für Vernunft und Gerechtigkeit – denn das ist es, was wir brauchen – heute mehr als je zuvor.

Zusammenfassung Kapitel 7: Marketing für Ihr Buch

- Richten Sie Ihr Marketing-Konzept an Ihren Zielgruppen aus.
- Cover, Titel und die Kurzbeschreibung Ihres Buches sind für Ihr Marketing von ganz entscheidender Bedeutung.
- Verstoßen Sie nicht gegen das Wettbewerbsrecht (keine Schleichwerbung, keine abwertenden Äußerungen über Mitbewerber, keine falschen Tatsachenbehauptungen etc.).
- Kombinieren Sie verschiedene Marketinginstrumente.
- Wählen Sie eine ansprechende und einprägsame Domain für Ihre Autoren-Homepage.
- Vermeiden Sie mit Ihren Internet- und Social-Media-Auftritten Verstöße gegen Urheber-, Marken-, Namens-, Persönlichkeits- und Wettbewerbsrechte. Denken Sie an das Impressum und die Datenschutzerklärung.
- Durch Online-Kurse zum Buch können Sie eine neue Einnahmequelle erschließen.
- Halten Sie sich bei Geschenk- und Preisaktionen an die Buchpreisbindung.
- Durch Verlosungen und Gewinnspiele können Sie neue Fans gewinnen. Informieren Sie transparent über die Teilnahmebedingungen und stellen Sie sicher, dass aus der Aktion kein verbotenes Glücksspiel wird.
- Versuchen Sie, einen günstigen Zeitpunkt für die Veröffentlichung und Marketingmaßnahmen zu erwischen (Jahrestage, Messen, Weihnachten und Ostern).

Links zum Thema

Gesetz gegen den unlauteren Wettbewerb
www.gesetze-im-internet.de/uwg_2004/UWG.pdf

Buchpreisbindungsgesetz
www.gesetze-im-internet.de/buchprg/BuchPrG.pdf

Telemediengesetz
www.gesetze-im-internet.de/tmg/TMG.pdf

Bundesdatenschutzgesetz
www.gesetze-im-internet.de/bdsg_1990/BDSG.pdf

Fernunterrichtsgesetz
www.gesetze-im-internet.de/fernusg/FernUSG.pdf

Leserunden bei Lovely Books
www.lovelybooks.de

Gemeinsam lesen bei Whatcha Readin
www.whatchareadin.de

Literaturhinweise

Verlagsmarketing; Ulrich Huse; Bramann Verlag, Frankfurt am Main

Follow me: Erfolgreiches Social Media Marketing mit Facebook, Twitter und Co.; Stephan Mattescheck; Rheinwerk Verlag, Bonn

Praxishandbuch Buchmarketing; Tanja Rörsch; mainwunder.de; Books on Demand, Norderstedt

Online-Marketing- und Social-Media-Recht; Martin Schirmbacher; Verlag: mitp, Frechen

Recht im Verlag; Konstantin Wegner, Dieter Wallenfels, Ulrich Reber, Daniel Kaboth; Verlag: C.H. Beck, München

ANHANG 1: DIE CHECKLISTEN

Checklisten zum Ausfüllen

- 🕮 Checkliste 1: Ziele einer Buchveröffentlichung
- 🕮 Checkliste 2: Zielgruppen ermitteln
- 🕮 Checkliste 3: Eckdaten für Ihr Buchprojekt
- 🕮 Checkliste 4: Rechtliches zur Autoren-Homepage

Auf www.Recht-für-Autoren.de können Sie eine Druckversion der Checklisten herunterladen. Dieser Service steht Ihnen mindestens drei Jahre nach dem Erscheinen dieses Buches zur Verfügung.

Ziele einer Buchveröffentlichung

Finanzielle Ziele

Möglichst hohe Einnahmen aus den Buchverkäufen erzielen.
niedrig —(1)—(2)—(3)—(4)—(5)—(6)—(7)—(8)—(9)—(10)— hoch

Selbstvermarktung oder Verkaufsförderung für Produkte und Dienstleistungen.
niedrig —(1)—(2)—(3)—(4)—(5)—(6)—(7)—(8)—(9)—(10)— hoch

Steuern und Sozialversicherungsbeiträge sparen.
niedrig —(1)—(2)—(3)—(4)—(5)—(6)—(7)—(8)—(9)—(10)— hoch

Finanzielle Haftungsrisiken vermeiden.
niedrig —(1)—(2)—(3)—(4)—(5)—(6)—(7)—(8)—(9)—(10)— hoch

Persönliche Ziele

Gesellschaftliche Anerkennung erfahren.
niedrig —(1)—(2)—(3)—(4)—(5)—(6)—(7)—(8)—(9)—(10)— hoch

Den Lesern eine »Botschaft« übermitteln.
niedrig —(1)—(2)—(3)—(4)—(5)—(6)—(7)—(8)—(9)—(10)— hoch

Die wahre Identität verbergen (Pseudonym).
niedrig —(1)—(2)—(3)—(4)—(5)—(6)—(7)—(8)—(9)—(10)— hoch

Die Kontrolle über das Werk behalten.
niedrig —(1)—(2)—(3)—(4)—(5)—(6)—(7)—(8)—(9)—(10)— hoch

Checkliste 1: *Mögliche Ziele einer Buchveröffentlichung – zum Ausfüllen*

Zielgruppen ermitteln

Beschreibung der Zielgruppen

Allgemeine Beschreibung möglicher Zielgruppen – »Ober-Zielgruppe«

____

Konkretisierung möglicher Zielgruppen – »Unter-Zielgruppen«

____

____

____

____

____

Allgemeine Annahmen zu den Zielgruppen

Geschlecht: _____ männlich _____ weiblich
Alter: von _____ bis _____ Jahren

Bildungsstand

Hauptschulabschluss: _____
Realschulabschluss: _____
Fachabitur: _____
Abitur: _____
Andere: _____

Berufsausbildung: _____
Meisterprüfung: _____
Fachhochschule: _____
Universität: _____
Andere: _____

Einkommensschicht

Obere: _____
Gehobene: _____
Mittelschicht: _____
Untere: _____

Nutzung von E-Books und Internet

Haben einen E-Book-Reader: _____
Haben einen Internetzugang: _____
Bereitschaft, E-Books zu nutzen: _____
Kaufen Bücher auch online: _____

Mögliche Berufe / Tätigkeiten der Zielgruppen

____

____

____

____

____

Checkliste 2 (Teil 1): *Ermittlung von Zielgruppen – zum Ausfüllen*

Fortsetzung: Zielgruppen ermitteln

Lebenseinstellungen und Gesellschaftsschichten

Traditionsbewusst / Konservativ
(stammes,- ordnungs- und sicherheitsbewusst) ______

Bürgerliche Mitte
(leistungs- und anpassungsbereiter Mainstream) ______

Freidenker / Selbstverwirklicher
(aufgeklärte Bildungselite mit liberaler Grundhaltung) ______

Revolutionär / Abenteurer
(individualistisch, kreativ und mental mobil) ______

Andere
(weitere Lebenseinstellungen und Gesellschaftsschichten) ______

Konkrete Annahmen zu den Zielgruppen

Aspekte, die beim Schreiben und der Vermarktung beachtet werden sollten

______

______

______

______

______

Checkliste 2 (Teil 2): *Ermittlung von Zielgruppen – zum Ausfüllen*

Eckdaten für Ihr Buch

Buchformate

Gedruckte Bücher
- Hardcover: ☐
- Paperback: ☐
- Taschenbuch: ☐
- Broschur: ☐
- Ringbuch: ☐
- Miniaturbuch: ☐
- Loseblattsammlung: ☐
- Andere: ☐

Elektronische Bücher
- E-Book: ☐
- Hörbuch: ☐
- CD / DVD: ☐
- Enhanced E-Book: ☐
- Andere: ☐

Maße für gedruckte Bücher:

____

Buchgestaltung

Aufbau des Buches
- Widmung / Motto: ☐
- Inhaltsverzeichnis: ☐
- Vorwort: ☐
- Anhang: ☐
- Literaturverzeichnis: ☐
- Quellenverzeichnis: ☐
- Stichwortverzeichnis: ☐
- Andere: ☐

Gestaltungselemente
- Schaubilder: ☐
- Fotos und Bilder: ☐
- Tabellen: ☐
- Diagramme: ☐
- Illustrationen: ☐
- Textkästen: ☐
- Checklisten: ☐
- Andere: ☐

Farbe Innenteil: ☐ schwarz-weiß ☐ zweifarbig ☐ mehrfarbig

Anmerkungen: ☐ Fußnoten ☐ am Kapitelende ☐ am Buchende

Anführungszeichen: ☐ » … « ☐ « … » ☐ „ … “ ☐ “ … “

Merkposten (Sonderzeichen im Text, in Folgeauflagen zu aktualisieren)

____

____

____

____

Checkliste 3: *Überlegungen zu Buchformat und Gestaltung – zum Ausfüllen*

Rechtliches zur Autoren-Homepage

Rechtsverletzungen

Keine Verletzung von:

- Urheberrechten ☐
- Marken- und Kennzeichnungsrechten ☐
- Namensrechten von Personen, Personengruppen und Unternehmen ☐
- Persönlichkeitsrechten ☐
- Wettbewerbsrechten ☐

Impressum

Was beim Impressum zu beachten ist:

- Impressum ist leicht erreichbar (max. zwei Klicks) ☐
- Impressum ist auf allen gängigen Internetbrowsern sichtbar ☐
- Impressum ist dauerhaft und ständig verfügbar ☐
- Impressum ist in der Sprache der Homepage verfügbar ☐
- Name, Anschrift, Kontaktmöglichkeiten sind aufgeführt ☐
- Weitere Informationen nach § 5 Telemediengesetz sind aufgeführt ☐

Datenschutzerklärung und Cookies

Was die Datenschutzerklärung enthalten sollte:

- Welche Daten erhoben werden ☐
- Welchen Zweck die Erhebung der einzelnen Daten hat ☐
- Welche Daten an Dritte übermittelt werden ☐
- Was für die Datensicherheit getan wird ☐
- Welche Ansprüche und Möglichkeiten der Nutzer hat ☐
- Welchen Stand die Datenschutzerklärung hat und seit wann sie gilt ☐
- Welche Cookies verwendet werden ☐

Wurde ein Cookie-Banner gesetzt? ☐

Wahl der Domain

Keine Verletzung von:

- Registrierungsvorgaben für Top-Level-Domains ☐
- Marken- und Kennzeichnungsrechten ☐
- Namensrechten von Personen, Personengruppen und Unternehmen ☐
- Geschützten Buchtiteln ☐

Checkliste 4: *Rechtlich zu beachten bei einer Autoren-Homepage – zum Ausfüllen*

Anhang 2: Rechtliche Anmerkungen

Im Text wurden zu ausgewählten Aspekten Endnoten gesetzt. Hierzu finden Sie im Folgenden rechtliche Anmerkungen mit Hinweisen auf Rechtsquellen. Die Ausführungen richten sich an Leser, die juristisch tiefer einsteigen wollen, und zeigen aktuelle Problemfelder des Autorenrechts auf.

1 Das Urheberrecht entsteht, indem geistige Vorgänge einer Person verkörpert werden – also durch einen Realakt.

2 Das Merkmal der persönlichen geistigen Schöpfung (§ 2 Abs. 2 UrhG) setzt Folgendes voraus:

(1) Eine menschliche Leistung. Demnach besteht kein urheberrechtlicher Schutz, wenn etwas rein zufällig, von Tieren oder durch Computer ohne schöpferisches Tätigwerden eines Menschen erzeugt wird.

(2) Das Werk muss eine wahrnehmbare Form haben. Die bloße Vorstellung vom Werk im Geiste reicht nicht aus.

(3) Das Werk muss einen gewissen Grad an schöpferischer Eigentümlichkeit haben, also Ausdruck einer individuellen geistigen Leistung sein.

(4) Und das Werk muss Gestaltungshöhe haben. Es darf daher kein einfaches Alltagserzeugnis sein. In der Rechtsprechung werden die Anforderungen an die Gestaltungshöhe nicht allzu hoch angesetzt. Es genügt die sog. Kleine Münze, also die Gewährung urheberrechtlichen Schutzes auch für Werke, die gerade noch ein Minimum an Individualität und künstlerischem Wert haben (Gebrauchsanweisungen, Kataloge, anspruchslose Unterhaltungsmusik).

Die Grenzen der Gestaltungshöhe festlegen zu wollen ist ein Stück weit der Versuch, Kunst zu definieren. Dieser ist oft unternommen worden, aber nie geglückt. So geht nunmehr auch das Bundesverfassungsgericht davon aus, dass sich Kunst nicht hinreichend bestimmen lässt. Folglich ist die Gestaltungshöhe kaum objektivierbar und bleibt auch mit Blick auf die wirtschaftlichen Aspekte des Urheberrechtes ein »flexibles« Merkmal, das »nur« einem momentan herrschenden Kunstverständnis Rechnung tragen kann.

3 Das Urheberpersönlichkeitsrecht wird durch Art. 1 und Art. 2 GG garantiert.

4 OLG München, GRUR 1986, 460 – Die unendliche Geschichte. Die Unterlassungsklage von Michael Ende scheiterte jedoch an der im Rahmen von § 14 UrhG vorzunehmenden Interessenabwägung.

5 Verwertungsrechte werden als immaterielle Wirtschaftsgüter und geistiges Eigentum bezeichnet. Sie werden von Art. 14 GG umfasst und sind sonstige Rechte im Sinne des Deliktsrechtes, insbesondere des § 823 BGB.

6 In Lizenzverträgen Nutzungsrechte für zukünftige Nutzungsarten einzuräumen war bis zur Urheberrechtsreform im Jahre 1965 ausgeschlossen. Dann wurde § 31a UrhG eingeführt, der diese wirtschaftlich relevante Möglichkeit unter den dort genannten Bedingungen ermöglicht. Die zu § 31 Abs.5 UrhG entwickelte Zweckübertragungsregel ist dabei zu beachten. Sie besagt, dass der Urheber im Zweifel keine weitergehenden Rechte überträgt, als es der Zweck der Verfügung erfordert. Wobei der Begriff »Übertragung« zu Missverständnissen führen kann. Denn Nutzungsrechte werden an den Verwertungsrechten eingeräumt. Die Verwertungsrechte werden dabei aber nicht übertragen. Der Urheber verliert keine Rechtsposition, wie es bei einer Übertragung von Eigentum der Fall ist. Vielmehr ermöglicht der Urheber dem Lizenznehmer lediglich die Nutzung der bei ihm verbleibenden Verwertungsrechte. Mit Blick auf diese Systematik ist schlüssig: Wenn eine neue Nutzungsart existent geworden ist, wachsen diesbezüglich Verwertungsrechte zugunsten des Urhebers an. Und zwar allein aufgrund der Tatsache, dass es die neue Nutzungsart gibt. Nutzungsrechte für die neue Nutzungsart können jedoch nur aufgrund einer entsprechenden vertraglichen Vereinbarung entstehen.

7 Eine gemeinsame Vergütungsregelung lässt nach § 31a Abs. 2 Satz 2 UrhG das Widerrufsrecht entfallen, auch wenn die Regelung bereits vor Bekanntwerden der neuen Nutzungsart getroffen wurde. Das Gleiche gilt für die Vereinbarung einer Vergütung nach dem Bekanntwerden der neuen Nutzungsart (§ 31a Abs. 2 Satz 1 UrhG).

Richtigerweise wird die Ansicht vertreten, dass das Widerrufsrecht auch dann wegfällt, wenn eine unangemessene Vergütung vereinbart wurde (vgl. Wandtke/Grunert, in Wandtke/Bullinger Praxiskommentar zum Urheberrecht § 31a UrhG Rn. 92 ff.; Schulze in Dreier/Schulze Kommentar zum Urheberrechtsgesetz § 31a UrhG Rn. 116). Denn unabhängig von der Höhe der Vergütung bringt der Urheber durch die »bloße« Vereinbarung seinen Willen zum Ausdruck, auch die neue Nutzungsart dem bisherigen Vertragspartner einräumen zu wollen. Als Grundsatzentscheidung – sozusagen. Die dafür als angemessen zu sehende Vergütung unterliegt einem anderen Willensbildungsprozess und ist daher unabhängig davon zu sehen. Dies entspricht auch der Intention des Gesetzgebers, denn § 32a UrhG geht vom Bestand der nutzungsrechtlichen Vereinbarung aus und gibt »lediglich« für die Vergütung Anpassungsmöglichkeiten.

8 Zentrale Anspruchsgrundlagen sind § 97 und § 98 UrhG. Hinzu kommen die Auskunftsansprüche der §§ 101ff. UrhG. Durch § 102a UrhG wird klargestellt, dass Ansprüche aus anderen gesetzlichen Vorschriften zusätzlich geltend gemacht werden können. Zu denken ist hier insbesondere an § 823 BGB, wobei die Vorschriften des Urheberrechtsgesetzes, als Sonderdeliktsrecht, spezieller und damit vorrangig sind. Die strafrechtlichen Konsequenzen ergeben sich aus den §§ 106 ff. UrhG. Das Strafmaß reicht von einer Geldstrafe bis maximal fünf Jahren Freiheitsstrafe.

9 Der abzuschließende Vertrag hat eine gemischte Natur. Sind die Urheberrechtsverletzungen im Grunde und/oder die Schadensersatzansprüche der Höhe nach umstritten, so hat der Vertrag eine Vergleichsfunktion im Sinne von § 779 BGB. Herrscht hingegen Einigung, steht die wirtschaftliche Betrachtung im Vordergrund. Dann können die Urheberrechtsverletzungen der Vergangenheit beispielsweise durch eine Einmalzahlung faktisch erledigt werden. Es läge dann ein Lizenzvertrag vor, der sich zumindest auch auf die Vergangenheit bezieht.

10 In § 138 UrhG wird die Urheberrolle für anonyme und unter Pseudonym veröffentlichte Werke geregelt. Dieses ist kein allgemeines Urheberregister, denn Zweck der Vorschrift ist es, Rechtssicherheit bezüglich der Dauer des Urheberrechtes zu schaffen.

11 Damit folgt auch das Urheberrecht dem in § 1922 BGB enthaltenen Grundsatz der Gesamtrechtsnachfolge. In § 28 UrhG wird dieses lediglich klargestellt. Der Erbfall ist damit der einzige Fall, in dem das Urheberrecht auf ein anderes Rechtssubjekt übergeht.

12 Die Schutzfristen berechnen sich nach § 69 UrhG. Demnach beginnt die Frist erst mit Beginn des Jahres, das auf das Jahr folgt, in dem der Urheber verstorben ist. Beispiel: Der Urheber verstirbt am 23. Mai 1999. Die Frist beginnt am 1. Januar 2000. Das Urheberrecht erlischt am 31. Dezember 2069.

13 Unter den Voraussetzungen der §§ 23 ff. Künstlersozialversicherungsgesetz (KSVG) entsteht die Pflicht, eine Künstlersozialabgabe zu entrichten. Damit wird ein Teil der Künstlersozialversicherung finanziert.

Durch die Verwertung künstlerischer oder publizistischer Leistungen entsteht ein öffentlich-rechtliches Rechtsverhältnis zwischen dem Verwerter und der Künstlersozialkasse. Dieses ist unabhängig davon, ob der Künstler oder Publizist, von dem die Leistung bezogen wurde, über die Künstlersozialkasse versichert ist.

14 Unternehmer i.S.v. § 14 Abs. 1 BGB ist eine natürliche Person, die bei Abschluss eines Rechtsgeschäfts in Ausübung ihrer selbstständigen beruflichen Tätigkeit handelt. Davon sind auch nebenberufliche Tätigkeiten umfasst (vgl. Palandt, Bürgerliches Gesetzbuch Rn. 2 zu § 14 BGB). Demnach sind Autoren Unternehmer, wenn sie die Vergabe von Nutzungsrechten an ihren Verwertungsrechten nachhaltig so ausrichten, dass damit positive Einkünfte erzielt werden können. Und zwar auch dann, wenn die Absicht, Gewinne zu erzielen, nur ein Nebenzweck ist (vgl. § 15 Abs. 2 Satz 3 EStG). Die Rechtsfolge daraus ist, dass alle Normen, die an die Verbrauchereigenschaft anknüpfen, keine unmittelbare Anwendung finden. Hierzu gehören insbesondere die §§ 312 ff. BGB und die Maßgaben von § 310 Abs. 3 BGB bezüglich Allgemeiner Geschäftsbedingungen.

15 Die schriftstellerische Tätigkeit ist im Katalog der freiberuflichen Tätigkeiten ausdrücklich aufgeführt (§ 18 Abs. 1 Nr. 1 EStG).

16 Die Pflicht zur Mitteilung über die Aufnahme einer freiberuflichen Tätigkeit ergibt sich aus § 138 Abs. 1 Satz 3 AO. Die Meldefrist hierfür beträgt einen Monat nach Eintritt des meldepflichtigen Ereignisses.

17 Der Bundesfinanzhof (BFH) hat in seinem Urteil vom 11.05.1976 [BFH – VIII R 111/71] die Abgrenzung von freiberuflicher und gewerblicher schriftstellerischer Tätigkeit wie folgt vorgenommen: Die Verwertung eigener schriftstellerischer Erzeugnisse geht über den Rahmen einer freiberuflichen Tätigkeit hinaus, wenn sie sich nach dem Gesamtbild der zu diesem Zweck geschaffenen organisatorischen Einrichtung nicht auf eine der schriftstellerischen Tätigkeit dienende Funktion beschränkt, sondern eine neue Erwerbsgrundlage darstellt. Durch den gewerblichen Massenvertrieb verliert auch eine ihrer Natur nach schriftstellerische Tätigkeit ihren freiberuflichen Charakter. In einem neueren Urteil des BFH, 03.04.2001 – IV B 15/00, stellt der BFH sinngemäß fest, dass ein Selbstverleger gewerblich tätig ist, wenn

er seine Entlohnung nicht aus einer isoliert zu betrachtenden künstlerischen Leistung, sondern aus dem Verkauf eines Produkts bzw. der Lieferung eines Werkes bezieht. Eine Trennung der freiberuflichen Einkünfte von den gewerblichen durch Bestimmung eines fiktiven Autorenhonorars wird abgelehnt [BFH, 30.11.1978 – IV R 15/73].

18 Eine steuerlich unbeachtliche Liebhaberei liegt vor, wenn die Tätigkeit ohne Gewinnerzielungsabsicht ausgeübt wird. Das Finanzgericht Rheinland-Pfalz führt dazu aus: Beruht die Entscheidung zur Begründung einer unternehmerischen Tätigkeit im Wesentlichen auf den persönlichen Interessen und Neigungen des Steuerpflichtigen, so sind entstehende Verluste nur dann für die Dauer einer betriebsspezifischen Anlaufphase steuerlich zu berücksichtigen, wenn der Steuerpflichtige zu Beginn seiner Tätigkeit ein schlüssiges Konzept erstellt hat, das ihn zu der Annahme veranlassen durfte, durch die Tätigkeit könne insgesamt ein positives Gesamtergebnis erzielt werden. [FG Rheinland-Pfalz Urteil vom 14.08.2013 – 2 K 1409/12; vgl. BFH-Urteil vom 23.05.2007 X R 33/04]. Die Gewinnerzielungsabsicht ist nicht gegeben, wenn der Steuerpflichtige mit seiner Tätigkeit, von der Aufnahme bis zur Aufgabe, keine positiven Einkünfte erzielen wollte. Die Gewinnerzielungsabsicht ist also ein subjektives Element, das durch äußere Umstände festgestellt werden kann. Betrachtet werden dazu insbesondere:

(1) Die Art der Tätigkeit – wie nah ist die Tätigkeit zu Freizeitaktivitäten (Reitunterricht, künstlerische Tätigkeiten)?

(2) Ist es der Hauptberuf oder eine Nebentätigkeit?

(3) Wird sichtbar am Geschäftsleben teilgenommen?

(4) Wird auf Verluste durch Anpassung der Tätigkeit reagiert?

(5) Entspricht die Tätigkeit auch persönlichen Neigungen des Steuerpflichtigen?

Bei schriftstellerischen Tätigkeiten sollte berücksichtigt werden, dass typischerweise eine enge Verbindung zwischen persönlichen Neigungen und der künstlerischen Tätigkeit besteht. Auch sollte eine längere Anlaufphase mit Verlusten Akzeptanz finden. Denn sonst könnten steuerliche Aspekte die Kunstfreiheit unangemessen beeinträchtigen.

19 Gemäß § 10 Abs. 1 Nr. 4 SGB V ist nur familienversichert, wer nicht hauptberuflich selbstständig erwerbstätig ist. Gemäß § 1 Nr. 1 i.V.m. § 3 Abs. 1 KSVG sind Künstler und Publizisten, die ihre Tätigkeit erwerbsmäßig und nicht nur vorübergehend ausüben, versicherungspflichtig, wenn ihr voraussichtliches Arbeitseinkommen aus dieser Tätigkeit voraussichtlich 3.900 Euro im Kalenderjahr übersteigt.

Die Tatbestandsmerkmale von § 10 Abs. 1 Nr. 4 SGB V »hauptberuflich selbstständig erwerbstätig« und »erwerbsmäßig und nicht nur vorübergehend« in § 1 Nr. 1 KSVG können nicht ohne Weiteres gleichgesetzt werden. Sie haben einen vergleichbaren Regelungsgehalt. Daher kann der Schluss gezogen werden, dass die beitragsfreie Familienversicherung endet, sobald eine eigene Versicherungspflicht nach dem KSVG eintritt. Gestützt wird diese Schlussfolgerung aus der Subsidiarität der Familienversicherung [vgl. LSG München, Urteil v. 06.08.2014 – L 4 KR 129/13]. Nach Ansicht des Gerichts soll die beitragsfreie Familienversicherung nur dann zur Verfügung stehen, wenn in diesem Umfang keine Leistungsfähigkeit besteht.

20 Gemäß § 306 BGB bleibt der Vertrag im Übrigen wirksam, wenn AGB ganz oder teilweise unwirksam sind. Es gilt das Verbot einer geltungserhaltenden Reduktion, sodass die Klausel grundsätzlich im Ganzen unwirksam und nicht auf ein zulässiges Maß »reduziert« wird, der Vertrag aber weiterhin bestehen bleibt.

21 Der (Haupt-)Gegenstand eines Verlagsvertrages ist das Urheberrecht. An einem Teil davon – nämlich den Verwertungsrechten in Gestalt von immateriellen Wirtschaftsgütern – räumt der Autor dem Verlag Nutzungsrechte ein. Insoweit ist der Verlagsvertrag ein Lizenzvertrag und Dauerschuldverhältnis. Der Verlagsvertrag hat i.d.R. aber auch werkvertragliche Inhalte. Diese zeigen sich insbesondere in der Pflicht des Autors, ein vom Verlag konkretisiertes (bestelltes) Werk abzuliefern. Je nach Ausgestaltung des Vertrages können auch Aspekte von Dienst-, Miet-, Darlehens- oder Pachtverträgen Bestandteil sein, sodass der Verlagsvertrag letztendlich als Vertrag eigener Art zu betrachten ist.

22 Rücktrittsrechte und Ansprüche auf Schadensersatz können vertraglich vereinbart sein, sich aus spezialgesetzlichen Vorschriften, insbe-

sondere der §§ 30 und 31 VerlG, und zusätzlich aus den allgemeinen Gesetzen ergeben.

23 Haftungsfreistellungsklauseln in Verlagsverträgen könnten wegen § 307 Abs. 2 Nr. 1 i.V.m. § 307 Abs. 1 BGB nichtig sein, wenn sie eine unangemessene Benachteiligung des Autors darstellen. Das dürfte der Fall sein, wenn die Haftungsfreistellungsklausel keine Einschränkungen hinsichtlich der Verantwortlichkeit für die Rechtsverletzung enthält. Denn in einem solchen Fall würde der Autor, auch ohne dass ihn ein Verschulden trifft, für Rechtsverletzungen des Verlages einstehen müssen. Damit würde die Klausel von dem wesentlichen Grundgedanken des Gesetzes, insbesondere der §§ 280 ff. und 823 BGB, abweichen und eine verschuldensunabhängige Haftungssituation schaffen.

24 Anspruchsgrundlage für die Anpassung der Vergütung ist § 32 Abs. 1 Satz 3 UrhG. Eine Zahlungsklage für die Vergangenheit und eine Klage auf Einwilligung können nach herrschender Meinung verbunden werden.

25 Im Falle eines Rückrufs sehen die §§ 41 Abs. 6 und 42 Abs. 3 UrhG Entschädigungszahlungen an den Verlag vor. Ferner könnten Schadensersatzansprüche aus § 280 Abs. 1 i.V.m. § 241 Abs. 2 BGB in Betracht kommen, wenn der Rückruf unberechtigt und damit eine Nebenpflichtverletzung war.

26 OLG Hamburg ZUM-RD 2004, 75, 79, OLG Hamburg GRUR-RR 2003, 33 – Maschinenmensch; Wandtke Bullinger Rn. 3 zu § 51 UrhG.

27 Das Landgericht Berlin führt hierzu aus: Bei der von der schwedischen Schriftstellerin Astrid Lindgren geschaffenen literarischen Figur »Pippi Langstrumpf« handelt es sich wegen ihrer Charaktereigenschaften und einer unverwechselbaren Kombination äußerer Merkmale um eine urheberrechtsschutzfähige Gestalt, die als solche Schutz genießt [LG Berlin, Urteil vom 11.08.2009 – 16 O 752/07].

28 Der BGH [vgl. BGH NJW 2000, 2202 ff.] hat in seinem Urteil zum Roman »Laras Tochter«, der Fortsetzung von Pasternaks »Doktor Schiwago«, festgestellt, dass auch die Fabel in Form der Charaktere, ihrer dramaturgischen Einbettung, ihres Beziehungsgeflechts und des Handlungsablaufes eines Romans geschützt ist.

29 Fotos können als Lichtbildwerke (§ 2 Abs. 1 Nr. 5 UrhG)oder einfache Lichtbilder (§ 72 UrhG) geschützt sein. Ein Lichtbildwerk liegt vor, wenn das Foto eine persönliche geistige Schöpfung ist. Ein einfaches Lichtbild liegt hingegen bei allen Verfahren der Bildaufzeichnung vor. Der Unterschied ist insbesondere für die Schutzfrist relevant. Diese beträgt bei einfachen Lichtbildern 50 Jahre nach dem Erscheinen des Lichtbildes (§ 72 Abs. 3 UrhG).

30 Das Landgericht Köln hat die Ansicht vertreten, dass Fonts (Computerschriften) als Computerprogramme urheberrechtlichen Schutz nach § 69a UrhG genießen [LG Köln, Urteil vom 12.01.2000 – AZ 28 O 133/97]. Das Gericht führte jedoch nicht aus, warum es Fonts für Computerprogramme hielt. Diese Auffassung ist sehr umstritten. Dennoch werden in der Praxis häufig Software-Lizenzen für Fonts »verkauft«.

31 Gemäß Art. 11 Abs. 1 der Verordnung über das Gemeinschaftsgeschmacksmuster beträgt die Schutzdauer des nicht eingetragenen Gemeinschaftsgeschmacksmusters drei Jahre. Die Frist beginnt mit dem Tage, an dem es der Öffentlichkeit innerhalb der Gemeinschaft erstmals zugänglich gemacht wurde.

32 In der Titelei von Büchern finden sich des Öfteren Haftungsausschlussklauseln wie: »*Die Benutzung dieses Buches und die Umsetzung der darin enthaltenen Informationen erfolgt ausschließlich auf eigenes Risiko. Eine Haftung für Aktualität, Korrektheit, Vollständigkeit und für Druckfehler ist ausgeschlossen.*« Es stellt sich die Frage nach dessen Wirksamkeit. Zwischen Lesern und dem Autor eines Buches besteht in aller Regel kein vertragliches Schuldverhältnis. Denn der Verlag vergibt aus eigenem Recht heraus, also als Inhaber von Nutzungsrechten, Unterlizenzen an die Leser und nicht etwa als Vertreter des Autors. Demnach fehlt es bereits an einem Vertrag zwischen Autor und Leser, in dessen Rahmen die Haftung beschränkt werden könnte.

Würde, wie im äußerst seltenen Falle eines Selbstverlegers, der seine eigenen Bücher in seiner Buchhandlung verkauft, ein Vertrag bestehen, müsste die Haftungsklausel einer AGB-Prüfung standhalten. Gemäß § 305 Abs. 2 BGB werden AGB aber insbesondere nur dann Bestandteil des Vertrages, wenn sie bei Vertragsabschluss in zumutbarer Weise zur Kenntnis genommen werden können. Dies dürfte bei in der Titelei eines Buches abgedruckten Klauseln nicht der Fall sein. Denn zur Kenntnisnahme müsste das Buch erst an der entsprechenden Stelle aufgeschlagen werden. Ferner müsste die Klausel den Anforderungen von § 309 Nr. 7 BGB genügen.

Besteht kein vertragliches Schuldverhältnis, ergeben sich Schadensersatzansprüche des Lesers gegen den Autor wegen inhaltlicher Fehler des Werkes aus § 823 Abs. 1 oder Abs. 2 BGB. Demnach müsste der Autor auch für leichte Fahrlässigkeit einstehen und Leser könnten »blind« den Anweisungen eines Buches folgen. Das erscheint lebensfremd und führt zu einer ungerechten Verteilung der Verantwortlichkeit, da es Autoren nicht möglich ist, alle Lebenssituationen vorherzusehen, in denen ihre Buchinhalte Verwendung finden. Sinnvoll erscheint es daher, die zu Verkehrssicherungspflichten entwickelten Grundsätze entsprechend anzuwenden. Diese sind vergleichbar, denn eine Verkehrssicherung, die jede Schädigung ausschließt, ist ebenso wenig erreichbar wie der Ausschluss von Schäden durch fehlerhafte Buchinhalte. Daher hat eine gerechte Risikoverteilung stattzufinden, die berücksichtigt, dass es schließlich der Leser ist, der handelt, und der Autor seine Sorgfaltspflichten zur Abwehr von Gefahren zu treffen hat. Plakativ gesprochen, können Haftungsklauseln in Büchern mit dem Schild »Betreten auf eigene Gefahr« verglichen werden. Mit diesem Hinweis kann ein Grundstückseigentümer sich der Haftung nicht entziehen. Er macht jedoch ein Stück weit deutlich, dass beim Betreten Eigenverantwortung geboten ist. Das Gleiche sollte demnach gelten, wenn Leser in einem Buch darauf hingewiesen werden, dass es beim Befolgen von Ratschlägen einen Risikobereich gibt, für den sie die Verantwortung tragen.

33 Aus der »Esra-Entscheidung« [BGH, Urteil von 24.11.2009 – VI ZR 219/08] folgt, dass Personen bereits dann erkennbar sind, wenn trotz veränderter Namen wegen zahlreicher Identifikationsmerkmale für einen mehr oder weniger großen Bekanntenkreis klar ist, um wen es sich handelt.

34 Kunst- und Meinungsfreiheit (Art. 5 GG) können rechtfertigende Gründe i.S.v. § 14 Abs. 2 Nr. 3 MarkenG sein und damit Ansprüchen auf Unterlassung (§ 14 Abs. 5 MarkenG) und auf Schadensersatz (§ 14 Abs. 6 MarkenG) entgegenstehen.

35 Der BGH hat entschieden, dass für ein Kochbuch die Bezeichnung „Pizza & Pasta" vom Verkehr als Titel angesehen wird. Denn ein nach diesen Maßstäben ausreichendes (geringes) Maß an Originalität gewinnt die Inhaltsangabe hier durch die Alliteration der beiden Begriffe und durch ihre Verbindung durch das im kaufmännischen Leben bei Firmen und anderen namensmäßigen Bezeichnungen übliche und dem Verkehr demgemäß auch namentlich in solcher Verwendungsweise bekannte &-Zeichen anstelle des bei einer reinen Inhaltsbeschreibung näherliegenden Wortes „und" [BGH, Urteil vom 27.09.1990 – I ZR 87/899 – Pizza & Pasta].

36 Das Wort »Wellness« sei lediglich der englische Begriff für »Gesundheit und Wohlergehen«. Daher fehle ihm jegliche Unterscheidungskraft für ein Sachbuch, in welchem Ratschläge für die Gesundheit gegeben werden [LG München I GRUR 1991, 931, 933].

37 Gemäß § 132 a StGB wird mit Freiheitsstrafe von bis zu einem Jahr oder mit Geldstrafe bestraft, wer unbefugt inländische oder ausländische Amts- oder Dienstbezeichnungen, akademische Grade, Titel oder öffentliche Würden oder Berufsbezeichnungen führt. Hierzu gehören insbesondere Bezeichnungen wie Professor (Prof.), Doktor (Dr.), Diplom (Dipl.), Landrat, Bürgermeister, Staatsanwalt, Notar, Arzt, Psychotherapeut, Apotheker, Rechtsanwalt, Wirtschaftsprüfer, Steuerberater.

38 Sinn und Zweck des Impressums ist es, die zivil- und strafrechtliche Durchsetzung des Rechtsgüterschutzes zu ermöglichen. Daher sehen die Pressegesetze aller Bundesländer vor, dass auf jedem Druckwerk – hierzu zählen auch E-Books – Name oder Firma und Anschrift des Druckers und des Verlegers genannt sein müssen. Bei Veröffentlichungen im Selbstverlag sind Name oder Firma und Anschrift des Verfassers oder des Herausgebers aufzuführen (§ 6 LPG Hessen und Sachsen, § 7 LPG Bayern, Berlin, Mecklenburg-Vorpommern, Sachsen-Anhalt, § 8 aller übrigen Landespressegesetze). Demnach sollte in jedem Druckwerk eine ladungsfähige Anschrift des Verlages und des Druckers zu finden sein.

In der Praxis scheint sich aber etabliert zu haben, dass lediglich Firma und Ort sowie die Internetadresse genannt werden. Das weicht vom Wortlaut der Normen ab, ist aber sinnvoll und zeitgemäß. Denn im Impressum der Homepage müssen aufgrund von § 5 TMG die Kontaktdaten vorhanden und aktuell sein. Anspruchsteller müssen einen »kleinen Umweg« machen, können daher aber sicher sein, die aktuelle Anschrift zu haben.

39 Ein Vermerk *»Die Rechte an allen Inhalten liegen beim Betreiber der Seite«* auf einer Internetseite könnte Urheberpersönlichkeitsrechte (§§ 12 bis 14 UrhG) verletzen, wenn auf den Seiten Inhalte anderer Urheber vorhanden sind. Urheber hätten dann Ansprüche aus § 97 UrhG. Konkurrenten können aus § 8 UWG vorgehen, denn der Vermerk könnte als unlautere oder irreführende geschäftliche Handlung gesehen werden.

40 Durch gekaufte Fans in Social-Media-Netzwerken wird der Anschein erweckt, dass es sich um »neutrale« Personen handele, die sich für den Autor interessieren. Damit wird die Social-Media-Seite interessanter und es entsteht ein falscher Eindruck. Dieser könnte als Schleichwerbung i.S.d. UWG gesehen werden.

41 Gemäß § 3 BuchPrG muss den festgesetzten Buchpreis einhalten, wer gewerbs- oder geschäftsmäßig Bücher an Letztabnehmer verkauft. Demnach kommt es nicht auf das Geschäftsmodell an, durch welches die Bücher verkauft werden. Denn auch Verlage im Direktvertrieb, Selbstverleger und Verlagsautoren, die ihre eigenen Bücher verkaufen, handeln geschäftsmäßig und müssen sich daher an die Buchpreisbindung halten.

42 Das Landgericht Hamburg sah es nicht als wettbewerbswidrig an, dass ein Brillenhändler für die Teilnahme an einem Facebook-Gewinnspiel die vorherige Betätigung des »Like-Buttons« verlangte. Darin sei keine Irreführung über die Beliebtheit des Händlers zu sehen, denn der Button könnte auch betätigt worden sein, um sich über den Händler zu informieren [LG Hamburg, Urteil vom 10.01.13 – 327 O 438/11].

INDEX

Die mit (A) gekennzeichneten Seitenangaben beziehen sich auf rechtliche Anmerkungen im Anhang.

C

D

E

F

G

H

I

T

U

V

W

Z